내 아이는
내 뜻대로 키울 줄
알았습니다

내 아이는
내 뜻대로 키울 줄
알았습니다

김선희 지음

글로세움

목차

1장

잘 하고 있는 줄 알았다

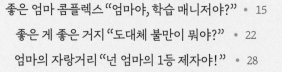

따라 하기에 급급하던
나를 관찰하기 시작했습니다

"엄마, 나 음악 할래!"

사춘기 아들의 말은 엄마를 향한 선전포고와 같았습니다.

'엄마가 준비한 길로만 가면 쉽고 편하고 좋을 텐데, 굳이 불안하고 배고픈 길을 가겠다고? 얘가 제정신인가?' 그날 이후, 계획대로 아이를 키우겠다는 답정녀 엄마와 하고 싶은 일은 기어이 해내고야 말겠다는 사춘기 아들과의 전쟁이 시작되었습니다.

평범하지 않은 기타리스트라는 꿈을 선택한 아들에게 말로는 지지한다면서 행동으로는 네가 틀렸음을 끊임없이 말하는 모순의 시간이 이어졌습니다. 갈등은 극에 달하고, 급기야 아이는 엄마가 제안하는 모든 것에 'No!'를 외쳤으며 우리의 관계는 최악으로 치달았습니다.

이 싸움의 끝은 어찌 되었을까요? 네, 맞습니다. 자식 이기는 부모 없다는 말이 틀렸다는 것을 증명해 내겠다는 야심찬 행보는 '다행히도' 실패로 돌아갔습니다. '기타리스트'는 그간 엄마가 정한 길로 잘 따라와 주던 아이가 스스로 내린 온전한 '첫 선택'이었습니다. 잘하고 있다고 믿고 있던 엄마의 착각을 깨닫게 해주는 계기가 되었습니다.

아이의 꿈을 지지해주는 좋은 엄마가 되는 법, 머리로는 너무 잘 알고 있었습니다. 하지만 그것들이 온전히 내 가슴으로 내려와 자리잡기까지, 그 선택을 온마음으로 지지해 줄 수 있게 되기까지는 짧지 않은 시간과 여러 사건을 관통해야만 했습니다.

내가 알던 아이에게서 새로운 모습을 재발견하면서 어느 날 문득 깨달았습니다.

'사춘기가 되어 아이가 변한 게 아니었구나. 아이는 제대로 커가고 있었는데, 내가 아이를 잘 모른 채, 그저 내가 보고 싶었던 것만을 보면서 키우고 있었던 거였구나!'

'부모 자식 사이가 틀어지면 회복하는데 30년이 걸릴 수도 있다.', '그 어떤 현상도 아이와의 관계를 망가뜨리면서 고쳐야 할 일은 없다.'는 지인의 한 마디는 정신을 번쩍 들게 했습니다.

하지만 아이와의 관계가 위기 상황임을 깨달았을 땐, 엄마인 제가 할 수 있는 건 거의 없었습니다. 그저 매일매일 부질없는 욕심들을 내려놓고 존재 자체로 바라봐 주지 못했음을 깊이 사과했습니다. 그리고 잔뜩 틀어진 관계를 회복하는 데 집중했습니다.

그사이 참 많이 울었습니다. 아이의 사춘기와 방황이 절정이던 시절, 거의 매일 눈이 부어서 출근했으니까요. 처음엔 내 맘대로 안 따라주는 아들 때문에 울고, 아이에게 미안함이 밀려와서 울었습니다. 그 사이에 알게 모르게 상처받았을 둘째에게도 미안해서 눈물이 났습니다.

어느 날 우연히 문제견의 행동을 교정하는 전문가가 나오는 프로그램을 보았습니다. '세상에 문제견은 없습니다. 문제 주인만 있을 뿐.' 이런 제목을 보았습니다. 아이의 문제 행동이라는 것도 결국 양육자의 태도에서 비롯된 것이었고, 해결책도 결국은 양육자에게 있다는 것이었죠. 그렇습니다, 아이가 문제가 아니고 엄마인 제가 문제였다는 것을 깨달았습니다. 절실히 나를 바꾸어야 했습니다.

그리고 저는 궁금했습니다. 좋은 건 다 따라 하며 그저 좋은 엄마가 되기 위해 애썼을 뿐인데 무엇이 어디에서부터 잘못된 것일까? 왜 이렇게 된 거지? 같은 실수를 반복하지 않기 위해 그 시간과 생각을 기록했습니다. 이 책은 그렇게 시작되었습니다.

평범한 두 아이의 엄마가 조금 먼저 겪어본 그 시행착오의 시간, 진짜 어른 엄마가 되어가는 날것의 과정을 세상에 내어놓기 부끄럽다는 생각도 했습니다. 하지만 그 육아(아이를 키우는)의 시간은 또 다른 육아(나를 키우는)의 시간이었음을 잊지 않는 의미 있는 기록으로 남기고자 용기를 내었습니다.

"책을 쓰는 것은 다른 사람의 삶에 영향을 미치는 작업만은 아니다.
책으로 인해 자신의 삶 또한 변하지 않으면 의미가 없다."
- 짐 콜린스

책을 쓰겠다고 마음 먹은 순간부터 제 눈에 보이는 곳에 붙여 놓았던 문구입니다. 부디 이 책이 누군가에게 공감의 위로와 작은 희망이 되기를 간절히 바라봅니다.

마지막으로, 엄마의 시행착오를 온몸으로 겪어내며 엄마를 어른으로 성장시켜준 사랑하는 유지남매 지훈이와 지민이, 그리고 호기심 많고 하고 싶은 것 많은 아내의 뒤를 든든히 지켜주는 사랑하는 남편 유대용 님, 늘 고맙고 미안한 나의 가족들에게 이 책을 바칩니다. 감사합니다.

1장

잘 하고
있는 줄
알았다

잘하고 있는 줄 알았다

좋은 엄마 콤플렉스

"엄마야, 학습 매니저야?"

큰아이가 초등학교 4학년이던 때의 어느 날이었다. 내 SNS를 보던 친구가 말했다.

"야, 너는 엄마가 아니라 무슨 학습 매니저 같아. 애들 데리고 맨날 어딜 그렇게 다니는 거야? 너희 집 애들 정~말 피곤하겠다. 주말에 쉬기는 하는 거야? 적당히 좀 해~."

"아, 그래? 그래 보여?"

겉으로는 별일 아니라는 듯 대수롭지 않게 말했지만, 속으로는 '네가 아직 애가 없어서 그렇지. 어디 한번 낳아봐라. 네가 엄마가 돼봐야 날 이해하지.' 하고 생각했다. 한편으로 나는 '이만큼이나 우리 애들을 위해 이것저것하고 있어요. 나 진짜 좋은 엄마예요. 알아주세요.'라며 자랑 섞인 마음이었던 것이 들킨 것 같아 뜨끔했다.

친구로부터 생각지도 못한 지적을 듣게 된 나는 내 SNS 게시물들을 찬찬히 살펴보았다. 아이들의 교육을 위해 부지런히 정보를 찾은 기록들과 주말이면 각종 전시회, 체험관, 공연장으로 아이들을 데려간 기록들이 가득했다. 그뿐만 아니라 독서, 한자, 영어 등 인증시험과 각종 대회에 참가시킨 기록들도 틈틈이 끼어 있었다. 그러면서도 마음 한구석으로는 스스로 극성 엄마라는 걸 들키고 싶지 않았는지 민망한 코멘트들로 눈 가리고 아웅을 하고 있었다.

예를 들자면, 국립중앙도서관에 갔다 온 게시물이 그랬다. 전시회에 갔다가 도서관까지 다녀온 게시물을 올린 내 의도는 '스마트한 엄마 멋져요.', '도서관까지 찾아가는 열정! 대단하십니다.'와 같은 지인들의 댓글을 받고 싶어서였다.

민망한 부분은 여기서 나온다. 원하던 댓글이 등장하자 '에이, 도서관 주변이 놀기 좋잖아요. 그래서 찾아간 거예요.'라는 식으로 답을 달아놓은 것이다! 마치 무심히, 우연히 도서관을 찾아간 것처럼.

과연 사람들이 그런 내 속을 몰랐을까? 아마 아닐 것이다.

이 외에도 서울대에 찾아가 학식을 먹는 장면, 일부러 파주 출판
도시로 찾아가 책을 왕창 구매하는 장면 등 수없이 많은 게시물
에서 내 답글은 도돌이표를 찍고 있었으니까.

다시 보고 있자니 어찌나 민망하던지… 이렇게 속이 빤히
들여다보이는 코멘트를 당시에는 왜 몰랐던 걸까? 친구의 지적
을 듣기 전까지 내가 생각하는 '좋은 엄마의 기준'은 이랬다.

> 아이들이 걸려 넘어질 것 같은 돌이 있다면 미리 치워준다.
> 내가 먼저 겪었던 시행착오를 내 아이에게는 겪게 하지 않는다.
> 아이 인생의 로드맵을 미리 짜준다.

나는 스스로 세워놓은 내 기준에 딱 맞는 사람이라고 자부
하고 있었다. 그게 오류였다. 내 기준 자체에 문제가 있을지도
모른다는 생각을 단 한 번도 해 본 적이 없었던 것이다. 의심의
여지없이 교육과 관련된 각종 도서와 육아잡지, 방송에 나오는
자녀교육 성공담을 보면서 저들의 모습이 곧 정답이라고 굳게
믿고 있었다. '잘만 따라 하면 내 아이도 저렇게 키울 수 있겠지.'
라고 생각했고, 내 아이들을 다른 누구보다도 성공의 길로 이끌
자신도 있었다.

그러던 와중에 친구로부터 예상치 못한 말을 듣게 된 것이다. 그 말을 들은 순간 퍼뜩 '아, 뭔가 잘못되어가고 있구나.' 하는 생각이 들었다. 친구의 말은 며칠 내내 나를 따라다니며 괴롭혔다. 내가 세워두었던 '좋은 엄마'와 '좋은 교육'에 대한 기준과 믿음이 흔들리기 시작했다.

얼마 지나지 않아 나는 큰아이 담임 선생님에게 호출을 받았다. 아들이 같은 반 친구를 눕혀두고 두들겨 팼다는 것이다. 나는 충격에 휩싸인 채 학교로 향했다.

'그럴 애가 아닌데…, 정말 친구를 때렸다고?'

평소 어떤 이유로든 폭력은 용납될 수 없다는 것을 강조해온 나로선 도무지 이해가 되지 않는 일이었다. 엄마가 하는 말에 토조차 달지 않던 아이, 반항적이거나 거친 모습을 일절 보이지 않던 아들이었기에 더욱 믿기 힘들었다.

담임 선생님을 만나 보니 일 자체는 아이들끼리 서로 화해하는 선에서 잘 마무리가 된 듯했다. 그러나 문제는 따로 있었다.

"지훈이는 모범적인 학생이라 선생님 입장에서는 가르치기 편합니다. 그런데… 보면 자기가 뭐든지 잘해야 한다는 강박관념이 많은 것 같아요. 그리고 쉬는 시간에 친구들이 가볍게 치는 장난에도 심히 불편해 하고 경직된 모습을 많이 보이더라고요.

학기 초보다 요즘 사소한 일에도 짜증을 내는 빈도가 늘어서 걱정스럽긴 했는데… 또 아이가 멍하게 있는 시간도 많아서 손 내밀기가 조심스러웠습니다. 그런데 결국 이런 일이 생기고 말았네요. 제가 어머님께 조금 더 일찍 말씀드렸어야 했는데… 죄송합니다."

순둥이 아들, 지훈이가 그저 즐거운 학교생활을 하고 있는 줄로만 알았던 나는 선생님의 말씀을 듣고는 큰 충격을 받을 수밖에 없었다. 그만큼 아이가 학교생활을 잘하고 있을 것이라 믿어 의심치 않았기 때문이다.

'좋은 엄마'란 어떤 엄마일까? 나는 늘 궁금했다. 아이를 키우는 동안 나는 부모가 되는 수업에 대해 들어본 적이 없었다. 아이를 키우는 것에 대해서도 마찬가지였다. 나는 육아에 관한 교육 역시 어디서도 받아본 적이 없었다.

나는 그저 아이를 잘 키우는 좋은 엄마가 되고 싶었을 뿐인데 현실은 내 맘 같지 않았다. 솔직히 얘기하건대, 나는 엄마가 된다는 것에 설렘보다 두려움이 더 컸다. 그래서 두려움의 크기만큼 수많은 육아서적과 자녀교육서를 읽으며 '좋은 엄마'가 되기 위해 나름 열심히 준비했다. 하지만 책을 읽으면 읽을수록 어려움만 더해지는 기분이었다.

아이들은 내게 단 한 번도 풀어본 적 없는 과제들을 매일같이 던져주는 존재들이었다. 울고 떼쓰는 아이를 달랠 때마다 큼지막하게 느껴지는 좌절감에 초보 엄마인 나는 한없이 작은 존재가 되어야만 했다.

둘째가 생겼을 때, '큰아이를 키우며 단련되었으니 이젠 괜찮겠지' 생각했지만 이런 내 생각을 비웃듯, 둘째는 둘째대로 새로운 상황들의 연속이었다.

시간이 흐르고, 아이가 교육받을 나이가 되자 내 모든 관심은 '좋은 교육'으로 쏠렸다. 나는 열과 성을 다해 수집한 정보들을 나와 내 아이들의 삶에 열심히 욱여넣었다. 그리고 내가 입력하는 값만큼 아이들이 내가 생각하는 기준에 빠르게 도달할 수 있으리라 믿었다.

하지만 시간이 흐르고 아이들이 나이를 먹으면서, 점점 순탄치 않게 흘러가는 일들이 많아졌다. 내 계획대로였다면 나는 완벽하게 좋은 엄마가 되어 있어야 했다. 그러나 아니었다.

친구의 말을 듣고서, 그리고 아들의 담임 선생님에게 호출을 받고 나서야 '엄마'로서 정말 중요한 두 가지를 놓치고 있었다는 사실을 깨달았다.

서툰 엄마가 놓친 것

나는 늘 인내심이 부족했다. 아이 스스로 무언가를 하도록 충분히 기다려준 적이 없었다. 그저 내가 원하는 방향, 내가 옳다고 생각하는 방향으로 아이를 끌고 가기에만 급급했다.

아이는 스스로 잘한 것이 아니라 잘 끌려와 주었을 뿐이다. 나는 이것이 아이가 잘하고 있는 것이라 착각했던 것이다. 나는 아이들을 사랑한다는 이유로 모든 것을 도와주고 대신해주는 엄마였다. 그렇게 내 아이가 스스로 쌓아가야 하는 경험치를 쌓지 못하게 막아서고 있는 엄마였다. 당시는 내 삶에 '나'는 없었다. 아이가 생긴 뒤로 내 삶에는 '엄마'로서의 나만 존재했다. 보다 좋은 엄마가 되기 위해서는 나를 먼저 돌볼 필요가 있었으나 그걸 몰랐다. 늘 타인의 시선이 더 중요했고, 타인과의 비교가 더 중요했기 때문이다. 남의 시선에 기준을 맞추고 있으니 내 아이와의 행복한 관계가 가능할 리 없었다.

다른 사람들이 보기에 '괜찮은 엄마'로 보였을지 모르나 내 아이에게 있어서 나는 '아이가 스스로 할 수 있을 때까지 기다려주지 못하고 다그치는 엄마', '아이에게 자신이 정한 기준을 자꾸 요구하는 엄마'였던 것이다.

좋은 게 좋은 거지

"도대체 불만이 뭐야?"

지훈이가 8살 때의 일이다. 일을 마치고 돌아오니 아이의 낯이 벌게져서는 집으로 들어왔다. 놀란 나는 얼른 "왜 그래? 무슨 일이야?" 하고 물었다. 그러자 지훈이는 잔뜩 성이 난 말투로 내뱉었다.

"승훈이가 놀렸어."

"승훈이가 뭐라고 했는데?"

"몰라. 게임을 하는데 자기가 왕인 것처럼 굴어. 자기만 게임을 잘하나? 아는 척도 엄청하고. 나 이제 걔랑 안 놀 거야."

다른 말보다 아이가 마지막에 한 '이제 걔랑 안 놀 거야.'라는 부분에서 나는 가슴이 철렁했다. 아이가 친구와 사이가 안 좋은 것 때문에? 아이가 너무 속상해서? 둘 다 아니었다. 부끄럽게도 나는 온전히 나 자신을 위한 마음 때문에 가슴이 철렁했다.

당시 같은 반 친구였던 승훈이네는 내가 일을 나가며 지훈이를 맡길 수 있는 유일한 곳이었다. 둘째 지민이야 어린이집 종일반에서 저녁에 집에까지 데려다주니 괜찮았지만, 큰아이인 1학년 지훈이는 아니었다. 혼자 두기엔 걱정이 되는 나이라 어디든 믿고 맡길 곳이 필요했다. 심지어 이사한 지 얼마 안 된 시기라 흔쾌히 "어차피 나는 집에 있고 우리 승훈이도 지훈이랑 같이 놀면 안 심심해서 좋지 뭐."라며 지훈이를 맡아주겠다는 승훈 엄마가 여간 고마운 게 아니었다.

상황이 이렇다 보니 내심 지훈이가 승훈이와 마찰을 겪을 때마다 '그냥 좀 잘 어울려 놀면 좋을 텐데.' 하고 생각하곤 했다. 이전에도 지훈이는 승훈이가 자기와 맞지 않는다고, 혼자 놀면 안 되냐고 이야기하고는 했다. 나는 아이의 말을 못 들은 척했다. 지훈이가 승훈이네로 가지 않으면 이는 곧 안전하게 맡길 곳이 없어진다는 의미였기 때문이다.

나는 편하게 일하고 싶다는 내 이기심에 언제나처럼 지훈이를 설득하기에 나섰다.

"지훈아, 엄마랑 얘기 좀 해."

"왜…."

"지훈아, 승훈이가 자기가 게임을 잘한다고 얘기하면 그냥 그렇게 인정해줘. 그럼 되잖아. 또 걔가 잘 모르고 우기면 그냥 맞다고 해주면 안 돼? 그럼 싸울 일 없잖아. 엄마가 보기엔 별로 중요한 일도 아닌 거 같은데. 어떻게 사람이 자기 맘에 드는 사람들하고만 지내겠어."

그렇게 혼자 잘 놀고 있는 지훈이를 불러서는 대화를 가장한 잔소리를 늘어놓았다. 아이의 감정을 고려하기는커녕 타협하는 법을 가르치는 잔소리였다.

결국 나는 지훈이로부터 "알겠어…. 그냥 승훈이네 가서 놀게."라는 답을 받아냈다. 아이의 체념한 표정도, 침울한 표정도 모두 외면했다. 이후에도 비슷한 상황들은 반복되었지만 내가 원하는 답으로만 아이와 대화를 이끌곤 했다.

그렇게 나만의 이기심으로 아이를 설득해가며 놀러 가게 하던 어느 날, 드디어 일은 터지고야 말았다.

승훈이 엄마에게 감사 인사도 하고, 아이들 노는 것도 보기 위해 나는 윗집인 승훈이네로 차를 마시러 간 날이었다. 그날 승훈이네 집에는 지훈이뿐만 아니라 다른 아이들까지 3~4명이 모여 있었다. 아이들은 승훈이의 주도하에 훌라후프 넘기를 하고 있었다.

지훈이는 함께 하고 싶지 않은 듯했다. 아이는 망설이는 눈빛으로 나를 쳐다보았다. 그런 아들에게 '그냥 해.'라는 무언의 압박을 보냈다. 아이의 눈은 '하고 싶지 않으면 안 해도 괜찮아.'라는 답을 바라고 있었지만 이번에도 이를 무시한 것이다.

결국 지훈이는 친구들의 재촉을 받고 훌라후프를 건너뛰려다 발이 걸리고야 말았다. 엄마의 무시가 부른 대참사였다. 거실에 놓여 있던 화분으로 고꾸라진 지훈이는 눈썹 주변이 찢어졌다. 아찔한 대형 사고였다.

'하고 싶지 않으면 하지 말라고 하면 될걸. 아이 마음 하나도 챙겨주지 못하면서 무슨 엄마라고….'

피를 흘리는 아이를 응급실로 데려가는 동안 쉼 없이 자책의 눈물이 흘러나왔다. 병원에 도착한 지훈이는 열세 땀을 꿰매야 했고, 지금도 그 흉터가 남아 있다.

결국 이 같은 사고를 겪고 난 뒤에야 지훈이를 강제로 승훈이네 보내는 일을 그만두게 되었다. 이후 지훈이는 눈썹의 흉터로 인해 한동안 겁 많은 성격과 어울리지 않게 '싸움 좀 하는 아이'라는 억울한 시선을 받아야 했다.

불만이 뭐야? 고칠 테니 다 말해 봐

어린 시절, 거나하게 술을 드시고 들어온 아버지는 우리 삼 남매를 앉혀두고 "너희들 불만 있으면 다 얘기해. 아빠가 고칠 테니까. 다 말해 봐."라고 말씀하시곤 했다. 우리는 기다렸다는 듯이 "아빠가 술을 좀 줄이시면 좋겠어요." 했다.

하지만 그 약속은 잠시 지켜지는 듯하다 얼마 지나지 않아 다시 깨지곤 했다. 그런 아버지를 보며 나는 '지키지도 못할 약 속을 대체 왜 한 거야?', '나는 절대 자식 마음 몰라주는 부모가 되지 않을 거야.' 하고 생각했다. 내가 엄마가 되면 정말로 아이 들이 원하는 것이 뭔지 잘 들어주는 사람이 되겠다고 굳게 결심 했던 것이다.

어른이 된 지금 이런 결심은 다 어디로 사라진 건지, 나 역시 아버지와 별반 다르지 않은 부모가 되어 있었다. 지훈이에게 "엄 마랑 얘기 좀 하자. 불만이 뭐야?" 물으면서도 정작 아이의 바람 에는 귀 기울이지 않았다.

이런 자신을 직시하게 된 순간 얼마나 화들짝 놀랐는지 모 른다. 그토록 닮고 싶지 않았던 내 부모님의 모습이 내게서 보였 기 때문이다. 좋은 엄마가 되겠다는 그때의 내 다짐과는 큰 거리감이 느껴지는 나를 보며 아이는 어떤 생각을 했을까? 아마 내가 아버지를 보며 들었던 생각과 같은 생각을 품었을지 모른다.

아이의 몸에 큰 상처가 나는 사고를 겪은 나는 그동안 아이에게 했던 행동을 반성하는 마음을 갖게 되었으나 이 마음은 그리 오래가지 못했다. 시간이 흐르며 그날의 반성은 무뎌졌고, 아이와의 대화에서 아이의 의견을 수용하기보다는 내가 편한 쪽으로 설득하는 실수는 이후로도 계속 이어졌다.

"넌 엄마의 1등 제자야!"

큰아이가 5살이 되던 해, 아이가 돌이 될 무렵부터 유행처럼 번지던 '엄마표 영어'를 시작한 지 2~3년 때쯤 되었을 때의 일이다. 내가 실천해 온 '엄마표 영어'를 한번 테스트해 보고 싶은 생각에 시험 삼아 아이에게 질문을 던졌다.

"Eugene, do you know where we are going?"
(유진(지훈이의 영어 이름). 우리가 지금 어디 가는지 아니?)
"We all go traveling grandpa's house."
(우리는 할아버지 집으로 가는 여행을 하고 있어요.)

나와 남편은 놀라움을 감추지 못했다. 할아버지 댁으로 가던 차 안이었기에 아이의 대답은 상황에 딱 맞았다. 내게 극성이라며 한마디씩 하던 남편에게 '것 봐~!' 하는 표정을 날리자 남편도 "오~"라며 고개를 끄덕였다.

시험 삼아 나눠본 아이와의 대화 한 토막, 그 대화로 나는 '역시 인풋이 어디 가지 않는구나. 이 방법이 맞는 거였어!'라는 희열감을 느낄 수 있었고, 그렇게 내 욕심은 이 일을 계기로 더욱 커졌다. 그리고… 이후에 일어났을 일은 말하지 않아도 짐작이 가능하리라.

아이는 엄마가 기뻐하는 얼굴을 보기 위해 시키는 것들을 열심히 따랐다. 엄마는 또 기쁨을 담은 피드백으로 아이의 성취에 화답했다. 나는 아들에게 "너는 엄마의 1등 제자야!"라는 격려로 내 욕심을 포장하고 있었다.

큰아이는 그렇게 엄마의 자존심을 지켜주는 자랑거리로 자랐고, 나는 모든 것이 계획한 대로 잘 되어가고 있다는 착각에 빠졌다. 아이가 느낄 괴로움에 대해서는 '가르치는 일을 업으로 가진 엄마를 둔 네 운명이야.'라고 생각하다 보니 아이의 고통은 눈에 들어오지 않았다.

고백하건대, 초보 엄마이던 시절의 나는 '내 아이에게 좋은 엄마'인 것보다 '남들 눈에 좋은 엄마'로 보이는 모습이 더 중요했던 것 같다. 엄마로서 서툴렀던 만큼 '아이를 잘 키우는 엄마'로서의 모습에 내 삶의 모든 것을 맞췄다. 그러다 보니 자연스럽게 아이의 교육이 내 생활에서 최우선 순위가 되었다.

내 아이를 내 손으로, 내 계획대로, 제대로 만들어보겠다는 야심의 바탕에는 '내가 생각하기에 좋은 아이의 모습을 만드는 것'이야말로 곧 '아이를 잘 키우는 엄마', '좋은 엄마'가 되는 길이라는 생각이 있었다.

그렇게 나는 내 계획대로 내 아이를 만들기 위해 아이의 교육에 좋다는 것들을 찾는 데 혈안이 되었고, 이런 내 생각은 아이가 교육을 시작한 시점부터 중2 초반까지 이어졌다.

그건 축구로 치면 자살골이지!

착각에 빠진 엄마의 끝없는 욕심을 아이가 더는 받아 주지 않게 된 날이 또렷하게 기억난다. 당시 학원을 운영하고 있던 나는 아들이 영어시험을 치고 나면 으레 시험지를 챙겨와 오답을 점검하게 했다.

그날도 그랬다. 중간고사를 마친 아들과 아들의 친구들이 가져온 시험지를 두고 오답을 점검하며 나는 절대 해서는 안 될 말을 하고 만 것이다.

"아니, 시험문제를 한 개나 틀리다니. 지금 제정신이니? 넌 왜 대체 까먹지 않아도 될 점수를 까먹니?"

아들은 사춘기의 정점이라는 중2였다. 한창 친구가 중요할 나이의 남자아이였다. 그런 아들에게 나는 친구들 앞에서 자존심을 건드리며 비난하는 말을 내뱉었던 것이다.

'넌 선생님 아들이니 다른 사람과는 입장이 다르다. 그러니 누구보다 더 잘했어야지!'라는 마음에 더욱 큰소리로 혼을 냈다. 결국 엄마의 훈계를 참아오던 아들은 그 한계치가 폭발해버렸다.

"엄마는 왜 나한테만 그래!"

아들은 그대로 학원을 뛰쳐나가 버렸다. 그리고 그날 이후, 다시는 내게 시험지를 보여주지 않았다. 그뿐만 아니라 내게 그 어떤 가르침이나 조언도 들으려 하지 않았다. 아들은 이제까지 내가 격려의 말로 사용해왔던 '엄마의 1등 제자'임을 스스로 거부하며, 엄마인 내가 제시하는 모든 것에 "무조건 NO!"를 외치기 시작했다.

당시 나는 '난 가르치는 역할을 하는 사람으로서 내가 해야할 말을 했을 뿐이야.'라며 스스로를 합리화했다. 그렇게 내가 아들에게 상처를 주었다는 사실을 부정했다.

생각해보면 내가 그때 아들에게 던진 말은 축구로 치면 자살골이나 다름없었다. 결국 나는 굳게 닫혀버린 아들의 방문을 바라보게 된 뒤에야 무엇이 잘못되었는지 깨닫게 되었다. 나는 그야말로 '최악의 엄마 선생님'이었다는 것을.

어쩌다 엄마

"내가 보기에 가장 좋은 것"

당시의 나는 혹시라도 아이가 잘못 클까 봐 전전긍긍했고 육아에 있어서는 절대 시행착오가 있어서는 안 된다는 생각에 사로잡혀 있었다. 그런 불안을 잠재우고자 아이로 하여금 뭐든지 자꾸만 '더! 더!' 잘하기를 강요했다.

무엇이 아이를 잘 키우는 옳은 방법인지 알지 못해 생기는 그 불안한 마음, 그 마음을 안은 채 나는 아이를 위해 어떤 결정을 해야 할 순간마다 '내가 보기에 가장 좋은 것'을 선택했다. 그것이 엄마의 의무를 다하는 것이라 여겼다.

하지만 돌이켜 보건대 그 선택들은 온전히 아이의 행복을 고려한 것들이 아니었다. 아이를 위해 내가 내렸다는 선택들은 사실 내 마음이 편하고 싶은 방향으로 해석하고 의미를 부여한 것들이었다. 아이의 행복보다는 내 머릿속으로 그리는 아이의 미래, 내가 만들고 싶은 아이의 모습을 마음에 두고 선택하는 우를 범해 왔던 것이다.

나는 내 아이가 다른 아이들과 비교당하며 밀리지는 않을까 하는 생각에 늘 불안했다. 그리고 당연히 그런 불안의 크기만큼 아이에게 끝도 없이 '더! 더!' 잘하기를 요구했다.

'그럼 아이에게 부모의 욕심이 담긴 그 무엇도 해서는 안 된다는 건 가요?

누군가는 이렇게 의문을 가질지도 모르겠다. 물론 모든 욕심이 그렇다는 것은 아니다. 부모에게는 부모로서 당연히 아이에게 행해야 할 것들이 있다.

우리는 아이들에게 기본적인 읽고 쓰기의 능력을 가르쳐야 한다. 또한 삶을 살아가는 데 필요한 올바른 신념을 세우는 것도 가르쳐 주어야 한다. 힘든 상황에서도 지지 않고 견디는 힘, 노력과 성취감을 알려주는 것 역시 부모의 역할이다.

중요한 건 어떤 것이든 아이들에게 무언가를 가르치고 요구하기 이전에 우선시 되어야 하는 것이 있다는 사실이다. 그건 바로 부모의 마음가짐이다.

> 진정 아이가 행복하기를 바라는 마음.
>
> 아이가 스스로 해답을 찾아 나가도록 격려하는 마음.
>
> 아이가 부모의 도움을 필요로 할 때, 적절하게 도움을 주는 선에서 거리를 유지하는 마음.

부모에게 꼭 필요한 마음가짐은 이런 것들이 아닐까? 나를 포함한 많은 엄마들이 대부분 '어쩌다 엄마'들일 것이다. 엄마로서의 삶은 갑작스럽게 전쟁에 불려간 학도병이나 마찬가지다. '부모'라는 이름의 전쟁터에서 연습 시간은 없다. 엄마들은 아이가 세상에 나오는 것과 동시에 '육아와 교육'이라는 이름의 실전에 투입된다.

엄마들은 혼란을 겪으며 아이의 삶과 내 삶의 경계가 모호해지는 시간을 체험한다. 그리고 많은 엄마들이 내 아이의 모든 것이 내가 원하는 대로 될 수 있을 것이라는 착각에 빠진다. 하지만 그 착각은 결국 사춘기라는 강력한 장애물을 만난 뒤에야 산산조각이 난다. 착각에서 깨어난 엄마들을 기다리고 있는 것은 뒤늦은 후회뿐이다.

지금 이 순간에도 '엄마표 학습'을 위해 정보들을 찾는 데에 열을 올리고 있는 엄마들에게, 선배 맘들이 걸어간 길을 뒤따라가려는 엄마들에게 이야기하고 싶다.

희망찬 시작만큼 중요한 것은 아이와 좋은 관계를 형성하기 위해 '엄마 선생님'을 내려놓을 시점을 아는 현명함이다.

'엄마 선생님'은 그 역할을 하는 엄마 스스로 자신을 냉정하게 바라볼 줄 아는 것이 무엇보다 중요하다. 당신은 '엄마 선생님'이 아니어도 이미 당신의 아이에게 '내 엄마'로서 충분히 '좋은 엄마'다.

"제가 필요한 게 아니잖아요"

넉넉지 못한 어린 시절을 보낸 나는 아이가 생기면 반드시 가르치리라 생각한 한 가지가 있었다. 빠듯한 살림 탓에 낮이고 밤이고 일하시던 어머니께 한 번도 말하지 못했던 나의 소원… 바로 피아노였다.

초등학생 시절, 교실에 놓여 있는 피아노를 치는 아이들이 너무나 부러웠다. 꼭 한번 배워보고 싶었지만 결국 기회를 갖지 못하고 어른이 되었다. 꼭 피아노를 배우지 못했기 때문만은 아니겠지만, 다장조 이외의 음계들을 읽지 못해 음악 선생님께 민망한 질타를 받았을 때도 생각했다.

'피아노를 배웠더라면 이런 일은 겪지 않았을 텐데….'

그렇게 나의 1호 아이였던 지훈이는 7살이 되며 자연스레 피아노 레슨을 시작했다. 그야말로 엄마의 설움과 염원이 가득 담긴 배움이었다. 엄마의 기대에 부응하듯, 아들은 눈에 띄는 실력 향상을 보임으로써 엄마의 어깨를 으쓱하게 해 주었다.

그리고 4년 뒤, 체르니 30번 진입을 목전에 둔 어느 날이었다.

"엄마, 나 피아노 그만하고 싶어. 너무 힘들고 어려워."

'아, 올 것이 왔구나.'

솔직한 내 심정이었다. 그렇지 않아도 레슨을 받으러 가는 아이의 얼굴이 어두워지기 시작한 걸 눈치챘던 것이다.

당시에는 사실 '피아노를 언제까지 이 정도 가르쳐야겠다.'는 목표를 세운 건 없었다. 그저 '나는 못한 것을 네게는 가르치겠다.'라는 시작점만 명확했다. 그러나 적어도 체르니 30번은 마쳐야 한다는 주변의 말을 들었던 탓에 쉽게 그만두라고 허락할 수가 없었다. 그 정도는 하고 끝내야 나중에 처음 보는 악보일지라도 문제없이 연주할 수 있다는 소리를 들었던 것이다. 결국 나는 더 다니고 싶지 않다는 아이를 어르고 달래며 레슨을 이어가게 만들기로 했다.

"한 달만 더 다녀보자."

"한 주만 더 다녀보자. 지금 그만두면 너 그동안 고생한 거다 잊어버린대. 너무 아깝잖아."

앵무새처럼 같은 말을 반복하며 아이와 신경전 벌이기를 며칠…. 마침내 아들은 엄마에게 편지 한통을 내밀었다.

엄마께.

아들 유지훈입니다.

제가 피아노를 배운 지 어느덧 4년이 되어가네요.

이제 저는 악보도 잘 읽을 줄 알고… (중략)…

저는 피아노를 전공할 것도 아니니 이 정도만 배워도 될 것 같습니다.

…(중략)…

무엇보다 피아노는 제가 필요해서 배우는 게 아니고, 엄마가 필요해서 시키는 거잖아요. 그러니 피아노를 그만 배우게 해 주세요. 부탁입니다.

－아들 유지훈 올림

아들은 편지를 통해 피아노를 배우고 싶지 않은 이유를 구구절절 짚으며 이야기하고 있었다. 무엇보다 굵은 표시로 강조한 '제가 필요해서 배우는 게 아니고 엄마가 필요해서 시키는 거잖아요.'를 보니 반박할 말이 없었다. 요즘 말을 빌리자면 '뼈 때리는' 아이의 지적에 더 이상 피아노를 배우라고 할 수 없었다. 결국 6개월간의 실랑이는 체르니 30번을 마치지 못하고 끝이 났다.

그러고 나서 피아노 근처에도 가지 않는 아들을 보고 있자니 저절로 피아노와 그간의 레슨비 등을 따져보게 되었다. '헛돈 썼다.'는 생각에 헛웃음이 절로 나왔다. 그러나 아이가 싫다는데 어쩌겠는가? 그리고 한번 닫혀버린 피아노 뚜껑은 내가 두 손 두 발 다 들고 완전 포기할만한 시간이 흐르도록 단 한 번도 열리지 않았다.

2년 만에 열린 피아노 뚜껑

지훈이는 그 후 2년 동안 한 번도 피아노 뚜껑을 열지 않았고 피아노 위에는 먼지만 쌓여 갔다. 가끔 지민이가 연주를 할 때 빼고는 말이다. 남편과 나는 이제 피아노 치는 방법을 완전히 잊어버렸을 거라고 생각했다.

그러던 어느 날, 당시 6학년이던 지훈이 학교에서는 오케스트라 창단 준비를 하고 있었다. 창단 인원이 부족했던 탓에 엄마가 학교 임원인 아이들은 우선적으로 신청을 해야 했고, 나 또한 임원이었던 터라 지훈이는 자연스럽게 입단하게 되었다. 학교에서 모든 악기를 대여해주고, 저렴한 비용을 내면 가르쳐 주기까지 한다니 엄마 입장에서는 안 할 이유가 없었다.

피아노는 싫었지만 음악은 좋아했던 아들은 피아노가 아닌 다른 악기를 연주하게 될 거란 이야기에 흥미를 보였다. 그렇게 아들은 오케스트라에서 색소폰을 배우기 시작했다. 지훈이는 새로운 악기를 배우는 게 생각보다 수월하기도 하고, 아이들과의 합주도 재미있었는지 잊고 있던 음악의 즐거움을 되찾은 것 같았다.

그리고 마침내 그날이 왔다. 굳게 닫혀있던 피아노 뚜껑을 아이가 직접 오픈한 것이다!

피아노 뚜껑을 연 지훈이의 손에는 악보 하나가 들려 있었다. 다름 아닌 마룬5(Maroon5)의 〈Pay phone〉이라는 노래 악보였다. 아들은 당시 즐겨듣던 노래의 악보를 펼치더니 피아노를 치기 시작했다. 피아노 치는 법을 깡그리 잊어버렸을 거란 엄마의 생각을 산산조각 내며 아이는 처음에는 다소 헤매는 듯하더니 금세 능숙하게 연주해 나갔다. '체르니 30번을 완수하지 않으면 헛돈 쓴 거다.'라는 말이 헛소리가 되는 순간이었다.

지훈이는 이 날을 시작으로 매일같이 본인이 즐겨 듣는 팝가수들의 악보와 유튜브 연주자들을 따라하기 위해 피아노 앞에 앉았다. 가만히 지켜보니 피아노를 타악기처럼 치고는 했는데(정통적인 피아노 연주법이 아닌 피아노 몸체를 hit 하는 스타일의 연주) 이는 피아노 즉흥연주를 하는 유명 유튜버를 따라하는 것이었다.

지훈이가 피아노 앞에서 연습하는 악보는 빠른 속도로 교체되었다. '해야만' 하는 고루한 체르니가 아니라 본인이 '하고픈' 연주곡을 치니 어떤 강요나 설득도 필요 없었다.

아이는 줄기차게 피아노를 쳐댔다. 정말로 눈뜨고서부터 학교 가기 직전까지, 저녁을 먹고 늦은 밤이 되기까지 피아노에 앉아 있었던 것이다. 늦은 시간까지 피아노 앞에 앉아 있는 지훈이를 보며 '전자피아노인 게 천만다행이다'는 생각이 들곤 했다. 반가우면서도 낯선 아이의 모습을 보며 내 머리를 강타한 생각은 하나였다.

'아… 이 아이한테는 휴식이 필요했구나.'

나는 아이에게 피아노를 즐길 여유는 주지 않고 쉼 없이 밀어붙이기에만 열심이었다. 휴식의 시간이 도태되는 시간이 될 거라는 내 생각은 큰 오산이었다. 아이에게 휴식은 곧 더 멀리 뛰기 위한 발판을 마련하는 시간이었다. 무작정 아이를 달리게 하는 게 답이 아니라는 그 평범한 진실을 당시의 나는 왜 몰랐을까? 힘들 땐 때론 쉬어가도 된다는 그 간단한 진실을, 나는 아이 덕분에 제대로 깨달을 수 있었다.

"가족을 동물로 표현해 보세요"

'귀 자녀의 우울 지수가 높습니다. 정신 건강이 다소 우려되는 수준
으로 전문 선생님의 상담을 받기를 추천합니다.'

둘째 아이가 초등학교 4학년이던 때의 일이다. 학교에서
실시한 심리검사, 그 결과지를 받아든 나는 쿵~ 가슴이 내려앉
았다.

인형처럼 예쁘장하던 딸아이가 자꾸만 체중이 늘자 나는 자
연스레 잔소리를 하게 됐다. 답답함에서 시작된 잔소리는 결국
아이가 나를 피하도록 만들었다. 그런 딸을 보며 안 그래야 하
는데 마음을 다잡았지만, 그 다짐은 번번이 깨졌다. 아이만 보면

자꾸 화가 났던 것이다. 그럼에도 엄마의 애정이 고파서 조심스레 아이가 다가오면 나는 또다시 잔소리로 거리를 벌여 놓곤 했다. 그리고 결국 엄마의 잘못된 언행은 아이의 정신건강에 이상 소견이 보인다는 암담한 현실이 되어 내 눈앞에 펼쳐졌다.

결과지를 본 나는 직감적으로 '아, 보통 일이 아니구나.' 하는 생각에 쿵쾅거리는 가슴을 부여잡고 치료 프로그램을 소개받았다. 보건소를 통해 미술치료를 받을 수 있다는 사실을 알게 되어 곧장 신청했다.

프로그램은 일주일에 한 번씩 총 8회를 받는 일정으로, 1회 치료 시간인 60분 중 50분은 선생님이 아이와 시간을 보내고 나머지 10분은 엄마와 상담을 하는 방식으로 되어 있었다. 아이와 그림을 그리거나 만들기를 하면서 아이 내면의 문제를 파악하고, 부모와의 상담을 통해 그 연결고리를 찾아 해결하는 것이었다. 또한 아이가 선생님과 나눈 이야기는 부모에게 고스란히 공개되는 것이 아니라 부모에게 반드시 전해야 하는 것만 공유되었다.

'가족을 동물로 표현해보세요.'라는 미션이 주어지는 시간이었다. 아이는 종이 가운데에 본인의 모습을 두고 그 주변에 가족을 동물로 표현해 배치한다. 이를 통해 아이가 느끼는 가족의 성원에 대한 느낌과 거리감을 알 수 있다는 것이다.

결과가 무척이나 궁금했던 나는 기대 반 걱정 반으로 아이의 수업이 끝나고 내 차례가 오기를 초조하게 기다렸다. 기나긴 50분이 지나고, 마침내 딸아이 없이 선생님과 나, 둘만의 시간이 왔다. 그리고 나는 지민이가 나를 어떤 동물로 그렸는지 볼 수 있었다.

팬더였다. 나는 두 눈을 의심했다. 그러나 다시 보아도 내가 본 게 맞았다. 딸아이는 엄마를 본인과 가장 가까운 위치에 두고 팬더로 그려둔 것이다. 아빠는 엄마보다는 조금 멀리 떨어뜨려 생쥐로 그려두었고, 오빠는 가장 먼 위치에 가장 큰 동물인 호랑이로 그려두었다.

쥐띠인 아빠는 주말에만 볼 수 있는 존재였던 만큼 그 표현이 이해가 갔다. 오빠 역시 평소 오빠를 닮고 싶어 하고 좋아했지만 또 그만큼 어려워했기에 그 표현 역시 이해가 갔다. 그러나 도무지 엄마인 나를 팬더로 표현한 건 이해가 가지 않았다. 결국 나는 선생님의 설명을 듣고서야 왜 내가 팬더인지를 알 수 있었다.

"우리 엄마는 학원을 운영하는데요. 엄마는 학원에 오는 아이들에게는 엄청 친절한데 나한테는 친절하지도 다정하지도 않아요."

내가 흑백의 팬더로 그려진 이유를 그제야 알 수 있었다. 나는 지민이에게 그렇게 보이고 있었던 것이다.

'다른 아이들에게는 친절하지만 내게는 그렇지 않은 엄마. 그럼에도 좋아서 가장 가까이 그려놓은 엄마.'

이야기를 듣고 다시 그림을 보자니 속에서 울컥 무언가가 올라오는 게 느껴졌다.

되짚어 보면 둘째 지민이는 늘 엄마와 함께 무언가를 하고 싶어 했다. 늦게 일을 마치고 돌아온 엄마가 화장을 지우고 옷을 갈아입는 동안 그 뒤를 졸졸 따라다니며 재잘재잘 이야기를 하곤 했다.

그러나 나는 그런 아이가 귀찮아 이야기에 귀를 기울이기는커녕 대답도 대충하고 넘어가는 경우가 비일비재했다. 그뿐만 아니라 나와는 기질적으로 맞지 않는다는 알 수 없는 불편함에 아이를 밀어내기도 했다. 하지만 나중에 아이가 나와의 대화를 피하자 그런 내 언행은 까맣게 잊고 아이가 나를 밀어낸다고만 생각하며 속상해 했다.

그랬다. 나는 내 맘이 좋을 때만 아이에게 다가가는 모순덩

어리 엄마였던 거다. 아이가 갑자기 살이 찐 이유 역시 이런 연유에서 비롯된 것이었다. 지민이는 정서적 허기를 먹는 것으로 달래려 했던 것이다. 엄마를 밀어내는 짜증이 일종의 '소아 우울증' 증상이라는 사실도 뒤늦게 알게 되었다. 딸아이가 나랑 맞지 않다고 느끼는 불편한 감정도 고스란히 아이에게 전달되고 있다는 사실도 그제야 깨닫게 된 것이다.

딸아이의 외로운 마음을 직시하게 되니 미안한 감정에다 아이가 한없이 안쓰러웠다. 모든 것은 아이를 이해하지 못하고 나 자신을 돌아보지 못한 데에서 온 결과였다.

이 과정을 겪고 나니 신기하게도 고쳐야 할 점투성이라고 보이던 아이의 모든 행동과 모습들이 전혀 거슬리지 않기 시작했다. 정말 놀라운 일이었다.

딸의 마음을 달래주기 위해 나는 무조건 아이와 함께 하는 시간을 늘이기로 결심했고, 아이와의 저녁 산책이 시작되었다. 익숙지 않았지만 나는 최선을 다해 아이의 눈높이에서 놀아주기 위해 노력했다. 그러면서 또 한 번 깨달았다. 나는 정말 아이들과 함께 놀 줄 모르는 엄마라는 사실을.

아이들을 가르치는 일에만 열중해왔던 나는 막상 아이와 함께 뭘 하고 놀아야 할지부터가 막막했다. 그나마 지인의 도움으로 찾은 최고 유치한 놀이가 '신발 멀리 던지기'였다. 한 여름밤, 놀이터에서 신발을 던지며 신나게 놀았던 그 기억은 고스란히 아이의 일기장에 녹아들었다. 유치해도 아이의 눈높이에서 어울리고 이해해 보려는 엄마의 가상한 노력이 엿보였나 보다.

엄마인 나는 지금도 여전히 바쁘다. 딸아이는 역시 그런 엄마를 보면서 심통도 부린다. 그러나 한 가지, 확실하게 달라진 것이 있다. 딸아이는 이제 자신의 마음을 속에 담아두고 먹는 것으로 해소하려 들지 않는다. 바로 어제만 해도 중2인 지민이는 웃으며 다가와 "엄마, 나도 다른 애들한테 하는 것처럼 우쭈쭈~ 해줘!"라며 있는 그대로의 속마음을 표출했다.

아이들은 절대 아무런 이유 없이 현상을 보이지 않는다. 상처가 곪는 이유는 제대로 보지 못하고 방치할 때다. 언제, 어떻게 난 상처인지 얼른 원인을 파악하고 조치하면 절대 상처는 곪지 않는다. 지금 이 글을 읽는 당신 역시 나와 비슷한 문제로 아이와 갈등을 겪고 있다면, 부디 상처가 생채기 수준일 때 치료할 수 있기를 바란다.

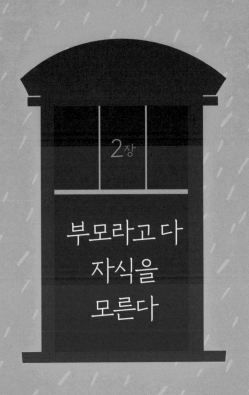

2장

부모라고 다
자식을
모른다

부모라고 다 자식을 모른다

내 맘을 몰라주는 엄마

"엄마, 심리학 전공이라면서?"

초등학교 3학년 지훈이는 생일을 맞은 엄마에게 기억에 남는 선물을 했다. 그건 다름 아닌 책이었다. 재밌는 건, 생일이 나와 딱 4일밖에 차이가 나지 않는 내 동생(아이들에게 단 하나뿐인 이모다)에게도 같은 책을 선물했다는 것이다. 열 살밖에 안 된 아이가 엄마의 생일을 챙기려 한 그 마음도, 다른 무엇도 아닌 책을 선물로 준비했다는 것도 너무나 기특했다.

그러나 포장지를 뜯는 순간 나는 헉~ 숨이 멎는 듯했다. 지훈이가 선물한 책의 제목은 《엄마가 아들을 아프게 한다》였다. 고백하건대, 나는 아직도 이날 받은 책을 읽지 않고 있다. 아니, 읽지 못했다는 것이 더 정확한 표현이리라. 책 제목을 본 순간,

부모라고 다 자식을 모른다 53

나는 바로 알 수 있었기 때문이다. 아이가 내게 하고픈 말이 무엇인지, 당시의 내가 어떻게 아들을 아프게 하고 있었는지….

책을 선물하면서 아들이 어떤 말을 했었는지는 잘 기억나지 않는다. 그러나 단 한 문장은 아직도 가슴에 새겨져 있다.

"근데, 엄마는 심리학 전공이라면서 왜 내 맘을 몰라?
전공한 거 맞아?"

강렬한 어퍼컷을 날린 아들에 이어 일곱 살짜리 딸내미까지 '맞아.' 하고 잽을 날리는 것이 아닌가! 못나고 부끄럽게도 그 순간에도 내 방어기제는 반사적으로 작동하고 있었다. 나는 애써 당황한 기색을 숨기며 아이들에게 말했다.

"심리학이 무슨 독심술도 아니고, 엄마가 어떻게 사람의 마음을 다 알아? 그리고 엄마 공부한 지 너무 오래 되어서 거의 다 까먹었지. 한번 기억을 잘 떠올려 볼게."

다른 무엇보다 속상하고 괴로웠던 것은 나 자신은 최선을 다하고 있는데 하는 생각 때문이었다. 잘 키울 방법을 고민하고 또 고민하며 키우고 있다고 생각하던 차에 자식들로부터 이런 말을 들었으니… 어떤 엄마인들 가슴이 아프지 않을 수 있을까.

그러나 속상함보다 더 중요한 것은 아들이 내게 이런 선물과 말을 하게 된 원인을 찾는 것이었다. 아이들은 대체 왜 내게 이렇게 말을 한 것일까? 왜 이모에게까지 같은 책을 선물했던 걸까?

아기였던 시절의 지훈이에게 아빠는 주말에만 만날 수 있는 사람, 엄마는 일이 바빠 밤이 늦어서야 집에 들어오는 사람이었다. 그리고 엄마와 아빠가 부재중일 때 아이를 돌봐준 사람은 다름 아닌 이모였다. 당시 대학을 휴학 중이던 동생이 바쁜 언니 부부를 대신해서 조카를 돌봐주었다. 그때의 지훈이는 진짜 엄마가 누구인지 혼란스러웠으리라. 나조차 내가 아이들의 엄마인지 동생이 엄마인지 헷갈릴 정도였다. 당시의 지훈이 사진을 보면 아이 곁에는 늘 이모가 있었다.

상황이 이렇다 보니 어쩌다 동생이 본가(친정)로 돌아가게 되면 나는 무엇을 해야 할지 몰라 멀뚱히 아이를 바라보고는 했다. 마찬가지로 지훈이 역시 '엄마가 어디 갔지?' 하는 눈으로 나를 쳐다보았으니… 엄마와 아들을 감싸던 그때의 그 어색한 공기가 아직도 기억 속에 생생하다.

무얼 하지 말아야 할까를 고민해야

초보 엄마이던 내게 '행복한 육아'란 다른 세상의 이야기였다. 나는 전쟁 같은 하루하루에 짓눌려 있었던 탓에 사소한 일에도 불같이 화를 내기 일쑤였다. 그뿐만 아니라 어려운 형편에 어울리지 않게 비싼 전집을 덜컥 사서는 아이에게 읽게 하는 등 내마음의 부채감을 덜고자 끊임없이 아이에게 무언가를 시켜댔다. 이런 나로 인해 동생까지 덩달아 사랑하는 조카에 대한 걱정으로 전전긍긍했으니… 아이에게 전해진 부정적인 감정들 역시 두 배였으리라.

부모란 아이에게 무엇을 하게끔 만드는 사람이 아니라는 사실을 그때는 몰랐다. 무언가를 시키는 사람이 아니라 아이가 불안할 때, 그 불안이라는 이름의 비로부터 아이를 지켜주는 우산이 되어주는 것이 부모의 역할이건만….

지금 그 시절을 회상하자니 그때의 내가 너무 안쓰럽다는 생각이 든다. 만약 시간 여행이라는 것이 가능하다면, 나는 서른이 되기 전의 미숙한 엄마였던 나를 안아주며 꼭 이야기해 주고 싶은 것이 있다.

"아직 너도 어른이 아닌데… 아이가 아이를 키우려니 참으로 고생이다. 그치? 맞아, 애들이 잘못 클까봐 걱정이 많지? 매일 무엇을 해주어야 할까 고민도 되지? 남들처럼 영어 유치원은 못 보내도 학습지는 해야 할 것 같고 말이야.

그런데 있지. 생각보다 아이들은 엄마가 뭘 해 줬었는지 잘 기억을 못하더라. 큰맘 먹고 돈을 쓴 건데도 말이지. 그러니 아이에게 무엇을 해 줄까보다는 무엇을 하지 말아야 할지를 한번 고민해봐. 그래도 사는 데 별문제 없더라고."

마찬가지로, 당시의 나와 비슷한 시기를 보내고 있는 다른 엄마들에게도 같은 말을 해주며 토닥여주고 싶다. 부모가 무언가를 해 주지 않아도 괜찮다고, 꼭 이것저것 배우게 하지 않아도 아이들은 잘못 크지 않는다고, 그러니 너무 불안해하지 말라고, 아이들에게 정말 필요한 것은 함께 보내는 즐거운 시간이면 충분하다고….

시간이 흘러 어느 날, 한 아이의 엄마가 된 동생으로부터 문자가 왔다.

'언니, 쭈니 논술 뭐 시킬까?'

나는 이렇게 대답한다.

"하지 마. 안 해도 되니까 그냥 쭈니랑 놀아. 그게 최고야. 나중에 정말 쭈니가 필요하다고 하면 그때 해줘도 늦지 않아. 그러니까 차라리 나중에 써야 할 돈으로 모아둬. 뭐 많이 해주려고 하면 지훈이한테 받은 책, 나중에 쭈니한테 또 받는다."

"ㅋㅋㅋㅋㅋㅋㅋㅋ 알았어."

얼마 전, 나는 지훈이가 엄마와 이모에게 똑같은 책을 선물하게 된 진실을 알게 되었다. 우리 자매가 선물로 받은 그 책은… 그냥 1+1 행사상품이었다.

"칭찬의 부작용이라고요?"

"아무래도 지훈이는 칭찬 부작용인 것 같아요 칭찬을 좀 덜 하시는 게 좋을 것 같습니다."

"…네???"

지훈이의 초등학교 1학년 담임 선생님은 정년퇴직을 눈앞에 둔 여선생님이셨는데, 어느 날 상담을 하던 내게 하신 말씀이다. 아이에게 칭찬하지 말라는 말이 납득이 되지 않아 어리둥절해 하는 나에게 선생님이 설명을 덧붙였다.

"지훈이가 대답은 잘하는데요. 수업 시간에 집중을 잘 안 합니다."

엄마의 잦은 칭찬이 지나친 자신감을 주었던 것일까? 초보 엄마였던 나는 이제 막 1학년밖에 안 된 아들이 간 크게도 수업 시간에 집중을 하지 않는다는 사실이 너무나 당혹스러웠다. 마치 내가 수업 시간에 집중을 못 해서 혼이 나는 것처럼 담임 선생님께 "알겠습니다. 죄송합니다. 제가 잘 이야기하겠습니다." 말씀드리고는 황급히 상담을 종료하고 교실을 빠져나왔다.

선생님을 만나기 직전까지만 하더라도 '당연히 아이가 학교생활을 잘하고 있다는 칭찬을 하시겠지?' 내심 기대했던 나는 속에서 화가 치밀어 오르는 것을 누르며 집으로 향했다. 기대에 어긋난 아이에게 화가 났을까? 아니면 담임 선생님의 말씀에 어떤 변명도 하지 못한 스스로에게 화가 난 것이었을까?

'아니, 어떻게 수업 시간에 딴짓을 할 수가 있지? 그리고 애한테 칭찬하지 말라니. 그건 또 무슨 말이지?

집으로 돌아오는 내내 고개를 갸우뚱거렸지만, 집에 도착하는 그 순간까지도 답을 찾을 수 없었다.

'칭찬은 고래도 춤추게 한다'라는 말은 내가 아이를 키우며 늘 주문처럼 되뇌던 말이었다. 칭찬이야말로 아이의 자존감 형성에 가장 좋은 방법이라는 말을 믿었다. 때문에 나는 내 아이들에게 아낌없이 칭찬을 퍼부어주던, 그야말로 '칭찬을 남발하는 엄마'였다. 아이가 뭔가 멋진 결과물을 보여주기만 하면 자동으로 "아이구~ 우리 강아지가 잘했네!"라며 매우 과장된 행동과 톤 높은 목소리로 칭찬을 해주곤 했다.

엄마인 내가 자존감이 부족했기 때문이었을까? 나는 내 어린 시절을 보상받으려는 듯 내 아이들이 조금이라도 기죽은 모습은 보고 싶지 않았다.

'칭찬은 다 좋은 거 아닌가? 육아서에서 말하는 대로 칭찬을 통해 자존감을 높여주려 애썼는데…뭐가 잘못된 거지?

그렇다고 나보다 연배가 훨씬 높은 선생님께 "칭찬을 하지 말라는 게 무슨 말씀이시죠?" 하고 물어볼 수도 없었다.

결국 나는 이해되지 않는 조언이었음에도 선생님의 말씀을 따라보기로 했다. 전날까지만 하더라도 TV쇼의 방청객 수준으로 아이들에게 반응해주던 나는 칭찬에 인색한 엄마로 태도를 바꾸었다. 그뿐만 아니라 혹여나 아이가 자만하거나 안주할 것을 염려하여 비판과 지적도 잊지 않았다. 아마 아이는 중간단계라고는 없이 극단적으로 변한 엄마의 태도에 심히 혼란스러웠으리라.

칭찬에도 부작용이 있다

칭찬의 양을 조절한다는 것은 생각보다 쉽지 않았다. 칭찬이라는 것 자체가 얼마나, 어떻게 조절해야 하는지 그 기준이 없는 것이었기 때문이다.

그렇게 1년 쯤 시간이 흘렀다. 우연히 EBS 다큐 〈칭찬의 부작용〉을 보게 되면서 나의 길고 긴 혼란의 시기는 막을 내렸다. 다큐에서 행한 실험과 그 결과가 단박에 나를 이해시켜 주었던 것이다.

다큐멘터리 내용에 따르면, 컬럼비아 대학교 캐롤 드웩 교수의 연구팀은 실험을 했는데 우선 초등학생들을 두 집단으로 나누어 쉬운 문제를 풀도록 했다. 그 후 한 집단에게는 "넌 참 똑똑하구나."라는 칭찬을 해주었고, 다른 한 집단에게는 "참 열심히 했구나"라는 칭찬을 해주었다.

연구팀은 첫 번째 문제를 푼 뒤, 두 번째 문제로 넘어가면서 아이들에게 "한 문제는 쉬운 문제고, 한 문제는 어려운 문제야.

어떤 문제를 풀고 싶니?"라고 물었다.

그 선택의 결과는 무척 놀라웠다. 앞서 '똑똑하다'는 칭찬을 들은 집단의 아이들은 쉬운 문제를, '열심히 했구나'라는 칭찬을 들은 집단의 아이들은 어려운 문제를 택한 것이다.

실험을 주도한 교수는 두 집단의 상반된 결과에 대하여 다음과 같이 분석했다.

"지능을 칭찬받은 학생들은 어려운 문제에 도전했다가 실패해서 '영리하다'는 주위의 기대를 저버리게 될까 걱정하게 됩니다. 반면 노력을 칭찬받은 아이들은 성공이 아니라 과정과 도전 자체에 관심이 생기기에 스스로가 얼마나 노력했는지를 증명하고 싶어합니다."

드웩 교수의 실험은 '아이들은 노력을 강조하면 자신의 힘으로 성공을 이룰 수 있다고 생각하지만, 지적 능력을 강조하면 자신의 힘으로 해결할 수 없는 한계를 만들게 된다.'는 사실을 알려주었다.

노력하는 '과정'을 칭찬해야

다큐를 보던 나는 자연스럽게 무릎을 '탁' 치게 되었고, 동시에 그동안 아이에게 해왔던 칭찬의 문제점을 깨달았다. 이제까지 나는 아이의 노력이 아닌 결과만을 칭찬해 왔던 것이다. 나는 아이가 상을 타오거나 멋진 결과물을 내놓으면 당연히 칭찬해 주어야 한다고 생각했다. 그것이 문제가 되리라고는 상상조차 하지 못했다.

내 잘못된 칭찬은 지훈이 역시 실험에 나온 아이들처럼 '결과가 확실하지 않으면 혹시라도 본인의 부족함이 드러날까 미리 걱정하여 회피하는 아이'로 만들고 있었던 것이다.

나 역시 어린 시절, '첫째니까 당연히 동생들에게 모범을 보여야지. 잘하는 게 당연하잖아?'라는 기대감 속에서 자랐고, 어른들은 내가 상을 받거나 좋은 성적을 냈을 때만 칭찬해 주시곤 했다. 어쩌면 나 자신이 길들여진 칭찬의 방식을 내 아이에게 답습하고 있었던 것은 아닐까?

변화가 필요함을 느낀 나는 아이가 이루어낸 결과가 조금 부족하더라도 노력한 태도를 칭찬하기 위해 힘썼으며, 칭찬 또한 지능적인 부분으로 한정 짓지 않고 보다 구체적으로 칭찬하기 위해 애썼다.

예를 들어 과학 상자에 들어있는 어려운 문제를 풀었을 때 "역시 넌 똑똑해. 네가 최고야!"라는 칭찬 대신 "과정이 복잡했을 텐데 결국 어려운 과학 상자를 조립해냈구나! 대단한데!"라고 칭찬했다. 또 아이가 친구들과 UCC를 만들어 제출해야 하는 과제가 있었을 때는 "친구들이랑 조별 활동을 하면서 의견이 잘 안 맞았을 텐데, 그래도 끝까지 포기하지 않고 잘 마무리 지었네? 기특하다."라고 칭찬했다.

이러한 변화에서 가장 큰 노력이 필요했던 것은 바로 나 자신이었다. '아이가 무언가를 이루기 위한 과정에 집중하자.'라고 마음을 먹는다고 해서 곧바로 칭찬의 달인이 될 수 있는 것은 아니었기 때문이다. 무언가를 깨닫고 실천함으로써 새롭게 몸에 배게 한다는 것은 언제나 오랜 시간과 노력이 필요했다.

나는 서투를지언정 어제 했던 실수를 다시 반복하지는 말자고 다짐했다. 가장 중요한 것은 잘못을 깨닫기 전으로 돌아가지 않는 것이라고 생각했던 것이다. 그렇게 나는 완벽하진 않지만 조금씩 변화가 담긴 칭찬을 실천하는 횟수를 늘려나갔다.

칭찬에 서투른 당신! 제대로 된 칭찬의 방법이 궁금한가?

경험상 내가 할 수 있는 조언은 단 하나뿐이다. '성과'보다는 '성품'을 칭찬하자는 것이다. 비록 좋은 결과가 아닐지라도 아이가 그 과제 자체에 성실하게 임했는지, 정직하게 임했는지, 그리고 인내하는 모습을 보였는지 등을 느낀 그대로 전달해주자.

이는 생각보다 많은 부모들이 알면서도 잘 실천하지 못하는 칭찬이다. 이러한 칭찬이 중요한 이유는 명확하다. 좋은 성품은 부모가 과정을 칭찬하기 위해 노력할 때 자라나기 때문이다.

"호락호락 넘어가나"

첫 회부터 수많은 화제를 낳았던 드라마 〈스카이 캐슬〉을 몰아보던 중, 어쩐지 낯익은 에피소드가 등장했다. 진진희(오나라 분)의 아들 우수한(이유진 분)이 가출하는 장면이었다. 내용은 대충 이렇다.

유명 학원의 레벨 테스트에 통과하지 못한 수한(14세)이 엄마 진희에게 혼나다가 엄마가 무척이나 아끼는 접시들을 깨뜨린다. 수한은 뒷일이 두려워 "항상 부모님의 기대에 못 미쳐 죄송합니다."라는 편지를 남기고 가출을 선택한다. 수한이 남긴 편지를 보고 놀란 진희는 매몰차게 아이를 몰아세운 자신을 반성하며 추운 날 아들을 찾아 이곳저곳을 헤매고. 마침내 만난 모자는 화해의 눈물을 흘리며 가출 사건은 훈훈하게 마무리된다.

　나는 극 중 진희의 모습에 같은 엄마로서 공감하며 살짝 눈물을 훔치다 문득 아들 녀석이 처음으로 가출해 나를 멘붕에 빠트렸던 그날이 떠올랐다.

　때는 2017년 6월 17일, 토요일이었다. 얼마나 충격적인 사건이었으면 요일까지도 이리 선명할까. 당시 녀석의 나이는 15살. 사춘기의 정점이라 불리는 중2병의 시기를 지나고 있었다.

　그날은 아이들의 아빠가 출장을 간 터라 나와 아이들만 집에 있었다. 우리는 맛있게 저녁을 먹은 뒤 산책을 나섰고, 이런저런 이야기를 나누며 좋은 분위기를 즐기고 있었다.

　그러나 고백하건대, 이런 화기애애한 분위기와 달리 당시 내 머릿속에는 단 한 가지 생각뿐이었다. 그건 바로 큰아이의 휴대폰, '청소년 안심 기능'에 대한 생각이었다.

　큰아이인 아들은 또래 친구 중에서도 가장 늦게 스마트폰을 산 케이스였다. 우리 부부는 아들이 스마트폰을 이용한 과제나 친구들과의 소통에 문제를 겪고 있음을 알면서도 오랜 시간 이 부분에서 고자세를 유지해왔다. 스마트폰이 갖고 오는 부작용들과 갈등을 주변으로부터 익히 전해 들었기 때문에 최대한 미루고 미루다 성인이 되면 사주려고 생각했다.

이런 생각을 바꿔준 계기가 있었으니, 그건 바로 '청소년 안심 기능'이었다. 이 기능을 설치하면 아이의 핸드폰 통제가 가능하다는 사실을 알게 된 우리 부부는 아이에게 조건부로 스마트폰을 사주기로 했다. 물론 그 조건은 '청소년 안심 기능' 설치와 사용시간 제한이었다.

스마트폰 사용 시간을 제한하는 기능은 물론이고 일부 어플을 사용하지 못 하도록 잠그는 기능, 특정 키워드(왕따, 욕설, 야동 등)를 검색할 수 없게 하는 기능, 잠긴 어플을(앱) 사용할 시 부모에게 알려주는 기능 등 '청소년 안심 기능'에는 부모로서 참 맘에 쏙 드는 능력들이 가득했다.

그렇게 조건을 붙여 허락한 스마트폰이었지만 그날부터 조금이라도 폰을 덜 쓰게 만들고 싶은 엄마와 조금이라도 더 쓰고 싶은 아이의 불같은 기 싸움이 벌어지기 시작했던 것이다.

급기야 며칠 전, 조금씩 휴대폰 사용 시간이 줄어들기 시작하더니 급기야 '0시간'이 떴다. 아들이 휴대폰을 아예 사용하지 않았을 리 없는데, 이건 안심 기능을 꺼버린 게 틀림없었다.

나는 아들을 통해 자초지종을 들어야만 했다. 아들의 대답에 따라 서로가 납득할 수 있을 만한 휴대폰 사용 규칙을 다시 세워야 한다고 생각했다. 내심, 혹시라도 아들이 모르쇠로 나오며 거짓말을 한다면 그것만큼은 혼을 내야겠다고 생각하며 적절한 타이밍을 찾고 있었다.

즐겁게 이런저런 이야기를 하며 산책로를 걷다가 쉼터에 설치되어 있는 운동기구에 착석하게 된 순간, 최대한 자연스러운 척 아들에게 말을 건넸다.

"아들, 엄마가 궁금한 게 있는데… 휴대폰 말이야. 청소년 안심 기능은 어떻게 무력화시킨 거야?"

정적이 흘렀고 나는 아들의 대답을 기다렸다. 아들의 얼굴에 당황하는 기색이 스쳤고, 잠시 후 아들은 솔직하게 이야기하는 것이 최대한 덜 혼나는 방향이라고 결론을 내린 듯 자신을 변호하기 시작했다.

"엄마가 설정한 시간은 너무 말도 안 되게 적어. 사용 시간 바꾸는 건, 검색으로 알아냈어. 잠깐만 사용하고 원래대로 되돌려 놓으려고 했는데… 그게 안 돼서 나도 당황했어."

아이의 솔직한 이야기를 들은 나는 '그랬구나? 그럼 원래대로 원상복구 시키고 앞으로는 그러지 말자.'라는 결론으로 이야기를 마무리하고자 했다.

그때였다. 잘 수습될 분위기에 찬물을 끼얹은 건… 다름 아닌 둘째였다. 딸아이가 엄마와 오빠가 나누는 심각한 대화에 갑자기 끼어들어 자기 이야기를 늘어놓기 시작한 것이다.

"엄마, 근데 선생님이 월요일에 준비물 가져오라고 했는데, 문구점 가려면 언제 가야 해?"

딸 지민이는 평소에도 엄마와 오빠가 뭔가 둘이서만 이야기하는 모습이 보이면 무슨 이야기든 꺼내서 대화에 끼고 싶어 했다. 아들 역시 그런 동생을 탐탁지 않아 했지만, 그냥 넘어가곤 했는데….

하지만 그날은 그렇지 않았다. 안 그래도 심각한 대화의 맥을 탁! 끊어버리자 아들의 이성도 툭! 끊어져 버린 것 같았다.

"너는 왜 오빠가 엄마랑 얘기하는데 끼어들어!"

아들은 폭발한 듯 소리쳤다. 그러고는 내가 붙잡을 틈도 없이 벌떡 일어나 집 쪽으로 가버렸다. 순간 몹시 당황스러웠지만, 아들이 당연히 집으로 갔겠거니 생각하며 딸아이를 나무란 뒤 집으로 향했다.

그런데 이게 웬일? 아들이 밤 11시가 다 되도록 집에 오지 않는 것이 아닌가?

처음에는 '지가 슬리퍼에 반바지 차림으로 어딜 갔겠어?' 하면서 TV를 켰다. 그런데… 하필 그때는 인천 여아 살해사건으로 흉흉한 시기였다. 남자아이라고 당하지 말란 법은 없었다. 시간이 흐르면 흐를수록 걱정은 깊어졌다.

결국, 12시. 아들은 들어오지 않았고, 난 전화를 걸었다. 아니 그런데… 이 녀석, 통화 중이잖아? 스토커라도 된 것처럼 열 번이 넘게 전화를 걸어봤지만, 아들은 계속해서 누군가와 통화를 하고 있었다. 문자를 보내도 답이 없었다.

'분명 친구랑 통화 중이겠지?'

문득 괘씸하다는 생각이 들면서 못된 아이디어 하나가 떠올랐다.

'어디 네가 휴대폰이 안 돼도 안 들어오고 버티는지 보자….'

나는 즉시 생각을 행동으로 옮겼다. 바로 '휴대전화 분실신고'를 한 것이다.

'수신만 되는 핸드폰으로 뭘 하겠어? 어디 집에 와봐라. 내가 호락호락 문 열어주나!'

나는 혼자서 현관문까지 잠갔다 열었다를 반복하다 거실에서 그만 깜빡 잠이 들었다. 그리고 눈을 떠보니 아침 7시가 아닌가!

후닥닥 아들의 방으로 달려가 봤지만, 아들은 없었다. 그랬다. 이놈이 정말로 가출한 것이다! 괘씸한 마음은 오간 데 없이 사라지고 당황과 걱정으로 심장이 마구 쿵쾅거렸다.

나는 아들 친구들에게 전화도 걸어보고 문자도 보내며 정신없이 아들의 행방을 수소문하기 시작했다.

"야단친다고 해결되지 않아"

일요일 아침이라 아이들의 답신은 9시가 다 돼서야 날아왔다. 그마저도 하나같이 "잘 모르겠어요."가 아닌가! 경찰에 신고해야 하나 심각하게 고민하던 그때, 내 귀에 메시지 도착음이 들렸다. 친한 언니로부터 온 메시지였다.

"자기 아들, 왜 우리 집에 있어? 나 친정엄마 병간호하느라 병원 갔다 왔는데… 간밤에 여기서 잤나 본데?"

맙소사! 친한 언니의 아들은 지훈이의 친구이기도 했다. 하지만 최근에는 두 아이가 잘 어울리지 않아서 생각조차 못하고 있었다. 그래도 아들의 소재가 파악됐다는 생각에 안도의 한숨이 먼저 나왔다.

알고 보니 아들은 휴대폰이 정지되기 전 SNS를 통해 자신을 재워줄 친구를 찾는 글을 올렸고, 마침 집이 비어 있던 한 친구가 아들에게로 연락했던 것이다.

아이의 안전을 확인하고 나니 '앞으로 이런 일이 또 생기지 않게 하려면 어떤 말을 해야 하나?' 하는 생각에 머리가 복잡해졌다. 무엇보다도 처음 일어난 이 일을 잘 수습하지 못해, 아들이 혹시 습관처럼 집을 나가면 어쩌나 실은 그게 가장 두려웠다.

나는 평소 연락도 잘 안 하던 선배 엄마들, 지인들, 친한 선생님에게까지 전화를 걸어 조언을 구했다. 정말 고맙게도 다들 자기 일인 것처럼 경험 담긴 조언을 보내주었다. 여러 조언들을 새겨듣고 아이에게 할 말을 준비했다. 물론 화를 내지 않고 준비한 말을 잘 전달할 자신은 없었다.

나는 마음을 정리할 겸 아들 방의 침구를 모두 걷어 집 근처 코인세탁소로 향했다. 윙윙 돌아가는 세탁기 속 이불을 보며 생각을 정리하고 나니 어느새 늦은 오후가 되어 있었다.

집에 돌아오니 아들 녀석의 슬리퍼가 보였다. 난 먼저 출장 중인 남편에게 "아이가 잘 돌아왔으니 걱정하지 말라."고 연락을 했다. 거실 바닥에는 아들의 것임이 분명한 새까만 발자국들이 여기저기 찍혀 있었다.

황당함도 잠시 아들의 방으로 들어가 보니 녀석은 침대보와 이불을 다 걷어놓은 매트리스 위에서 태아처럼 웅크린 채 자고 있는 게 아닌가?

거지꼴로 웅크린 채 잠들어 있는 아들의 뒷모습을 보고 있자니 마음이 복잡했다. 이 녀석, 현관문을 열기까지 얼마나 많이 망설였을까. 자는 아들을 가만히 지켜보던 나는 조용히 방문을 닫고 아이를 깨웠다. 눈을 뜨고 침대에 앉은 아들은 분명 크게 혼날 줄 알았는데 엄마가 생각보다 차분한 모습을 보이자 조금 놀란 듯했다.

나는 먼저 아이의 손을 잡고 엄마 아빠가 얼마나 걱정했는지부터 이야기했다. 무사히 들어와 줘서 정말 고맙다고, 친구네 엄마가 얘기해주지 않았다면 경찰에 신고하려고 했다는 얘기도 솔직하게 전했다. 이렇게 부모님에게 위치를 알리지 않고 걱정시키는 것이 얼마나 큰 잘못인지, 가족들이 얼마나 걱정했는지 하나하나 차분하게 얘기했다.

아들은 이야기를 들으면서 점점 눈물이 차오르고 있었고 나 역시 그런 아들을 보고 있자니 눈물이 핑 돌았다. 그리고 내 이야기를 한참 듣던 아들은 울먹이며 입을 열었다.

"엄마, 난 늘 최선을 다했어요. 그런데 엄마는 항상 더, 더, 내가 해내기만을 바라서 사실 정말 힘들었어요."

아들의 말을 듣는 순간, 미안한 마음에 할 말을 잃었다. 평소 참을성 많은 아이의 진심 어린 이야기에 나는 그동안 내가 대수롭지 않게 넘겨버렸던 아이의 모습이 떠올랐다.

"네 말이 맞아. 넌 최선을 다했는데… 엄마가 몰라줘서 너무 미안해. 부족한 건 네가 아니라 엄마였는데… 잘 키우고 싶은 맘만 앞서서 널 많이 힘들게 한 것 같아. 몰라줘서 미안해."

뒤이어 아들은 휴대전화 감시 기능과 컴퓨터 사용 시간 제한에 대해서도 생각해봤다고 고백했다. 시간제한이 있으니 딱히 필요치 않아도 그 시간이 아까워서 채우고 싶은 마음에 더하게 되고, 갈증이 나는 것 같아 매달리게 되더라는 것이다.

아들의 이야기를 들은 나는 그렇다면 그 시간 자체를 네가 자율적으로 할 수 있게 맡기겠다고 했다. 새로운 기준 역시 일방적인 엄마의 기준이 아닌 서로 합의해서 정해보자고도 제안했다. 큰 소리 없이 깊이 있는 대화가 이어지자 아들이 언제 그랬냐는 듯 씩 웃으며 말했다.

"이제야 대화다운 대화를 하는 것 같아요"

그랬다. 이제까지 나와 아들이 나눈 말들은 대화가 아니라 일방적인 전달이었다. 그렇게 한참을 서로 울고 웃으며 우리는 오랜만에 오순도순 이야기를 나눴다. 대화가 마무리되어 갈 때쯤, 아들이 스마트폰을 내밀었다.

"휴대폰 정지 좀 풀어주세요."

민망한 듯 웃었다. 아이 왈, 분실신고 된 전화기를 풀어보려고 대리점에 갔다가 보호자 없이는 안 된다는 말만 듣고 쫓겨났단다. 호기롭게 대리점에 갔다가 좌절했을 아들 녀석의 모습을 상상하니 웃음이 터졌다. 나는 즉각 전화해 아이의 스마트폰 정지를 풀어주었다.

아이의 가출은 어느 집에서나 벌어질 수 있는 일이다. 당황스럽지만 이때 중요한 건 부모의 대처다. 이에 따라 이후의 상황이 천차만별로 달라진다.

다행히 내 경우에는 주변인들의 조언으로 아이의 첫 가출에 현명하게 대처할 수 있었다. 오히려 아이의 마음을 제대로 들여다 볼 수 있는 계기가 된 소중한 시간이었다.

합의되지 않은 일방적인 규칙, 일방적인 통제. 이것은 잠깐 아이가 '안 하는 척' 하게는 만들 수 있겠지만 아이를 통제하는 근본적인 방법이 되지 못했다.

하지 말라고 하면 할수록 더 하고 싶은 건 아이나 어른이나 마찬가지다. 결국 한바탕의 가출 사건이 내게 알려준 사실은 소통이야말로 모든 관계가 발전적으로 나아갈 수 있는 길이라는 깨달음이었다.

답정녀 엄마

"내 삶은 내가 선택해!"

나는 늘 내 아이가 혹시라도 잘못된 길로 가는 건 아닐까 하는 불안함에 시달렸다. 그 때문이었을까. 나는 아이의 성적이나 대회 수상 실적 같은 눈으로 확인 가능한 성과들에 집착했다. 확실한 결과물들을 보았을 때나마 잠시라도 불안감을 잠재울 수 있었던 것이다.

엄마의 기뻐하는 얼굴을 보고 싶었던 아이는 결과물을 들고 오기 위해 최선을 다했다. 그러나 엄마의 웃는 얼굴은 아이가 결과를 가져온 잠깐의 순간에 그쳤다. 엄마의 욕심에는 끝이 없었던 것이다.

그렇게 아이는 "더! 더!" 하고 외치는 엄마의 요구에 지쳐갔고, 결국 성과만을 바라는 무한 루프에서 벗어나고자 몸부림치기 시작했다.

"내 삶은 내가 선택해!"

결국 아들은 사춘기에 들어서면서 스스로 가족과의 소통을 차단했다. 더는 엄마에게 휘둘리고 싶지 않다는, 자신의 의지를 확실하게 표현하고자 나온 행동이었다. 소통의 차단을 시발점으로 아이는 엄마의 반응을 보아가며 행동의 강도를 높여가기 시작했다.

아들은 친구들을 만나기 위해 밖으로 돌았고, 조금씩 귀가 시간을 어기더니 마침내 새벽이 되어서야 집에 들어오는 일이 잦아졌다. 이른 새벽, 아이가 잘 들어왔나 하는 걱정스러운 마음에 방문을 열어 보았다가 시커먼 녀석들(아들의 친구)이 보여 놀란 적이 한두 번이 아니었다.

지훈이의 사춘기는 사랑스럽기만 했던 아들이 '내일이 없는 미친놈'처럼 변화하는 시기였다. 그런 아들을 보며 이상한 친구들을 만나 탈선하는 것은 아닐까, 내가 기억하는 사랑스러운 아들을 영영 잃게 되는 것은 아닐까 불안해지기 시작했다. 무엇보다 아이를 이렇게 망친 것이, 아이가 벌이는 이상한 행동들의 원인이 전부 나인 것만 같다는 자책감 때문에 매일이 괴로웠다.

아이가 방황하던 나날들은 그야말로 내가 아이를 힘들게 했던 만큼의 괴로움을 그대로 되돌려 받는 시간이었던 것이다. 내가 흘리는 눈물은 아이를 배려하지 않은 엄마에게 내려진 벌이었다. 그렇게 나는 울고 또 울며 나 자신에게 질문을 던졌다.

'나는 무엇을 위해 아이를 그토록 몰아붙였던 걸까? 아이가 잘못 클까 봐 불안해서? 내 생각만 잔뜩 주입한 지금의 모습을 봐. 아이와 대화조차 제대로 하지 못하는 이 모습이 내가 잘 키운다고 노력한 결과라고?

내가 놓친 게 대체 뭘까? 이전까지 내가 행한 잘못된 방법들을 고치려면 무엇을 바로 잡아야 하는 거지?

꼬리에 꼬리를 무는 질문들 속에서 나는 천천히 과거를 짚어나갔다. 그리고 마침내 내 머릿속에는 단어 하나가 떠올랐으니… 그 단어는 다름 아닌 '답정너'였다.

'답은 어차피 정해져 있어. 너는 대답만 하면 돼.'

나는 아이와 의견을 조율해 본 경험이 많지 않다는 핑계, 혹은 시간적으로 여유가 없다는 핑계를 들며 늘 아이들에게 통보만 하는 엄마였다. 직업상 그리고 사회에서의 내게 맡겨진 역할상 의견 조율보다는 결정을 내려주어야만 하는 습관(?)이 수평적 관계이어야 하는 가정에서도 그대로 적용되어 온 것이다.

'아이들에게 내 생각을 강요하는 것을 멈출 시점이 왔다.'

나는 사실을 확실하게 깨달았다.

"오, 이런… 어떡하지?"

내 입에서는 나도 모르게 이런 말이 새어 나왔다. 이 상황을 어떻게든 개선하지 못한다면, 앞으로는 사랑하는 내 아들과 소통이 안 되는 것을 넘어 평생 틀어진 사이로 살게 될지도 모른다는 위기감을 느끼게 되었다.

"설득하지 않는 것"

지훈이는 사춘기를 겪으면서 마음의 문을 닫아버렸다. 그 빗장은 소통단절을 의미했지만 그 누구도 곁에 얼씬거리지 못하게 했다. 단 한 번도 거실에 나와 가족들과 함께 시간을 보내지 않았고, 심지어 가족 식사라도 하게 되면 누가 자신에게 말 시키는 것이 싫어 얼른 밥만 먹고 도망치듯 방으로 들어가 버리곤 했다. 오죽하면 TV조차 한 번을 같이 보지 않았다. 그리고 이러한 행동에는 'TV 속 누군가와 비교하는 엄마의 말'과 같은, 지난날의 상처들이 고스란히 느껴졌다.

아이가 정말 잘 크기를 바란다면, 억지로 아이를 설득하고 강요하는 것을 멈추고 그 사이 지나쳤던 나 자신의 변화를 시도

해야 했다.

굳게 닫혀버린 아이의 방문을 열기 위해, 다시 웃는 얼굴로 이야기하는 아이를 보기 위해 행해야 할 일은 아주 단순했다. 그건 바로 '내려놓는 것'이었다.

제일 먼저 내가 해야 할 일은 그저 아이가 진정 원하는 것이 무엇인가를 파악하는 것이었다. 아마 당시의 내가 그러했듯, 많은 엄마들이 이런 행동 자체가 많이 서툴고 어색할 것이다. 그래서 더욱 이 부분에는 연습이 필요했지만 도무지 '이거야!' 하는 뾰족한 수는 없었다. 그저 나 역시 주변 선배 엄마들의 조언과 친절한 유튜브 영상들(나의 검색 키워드는 '사춘기')을 참고하며 무던히 아이의 마음을 들여다보는 연습에 오랜 노력을 들여야 했다.

아이들은 놀라운 진심 판별사이다. 엄마의 진심이 그대로 전해져야만 아이들 역시 자발적으로 움직인다. 엄마가 말로만 아이를 설득하는지, 고민과 노력을 하면서 설득하는지, 그 진심을 누구보다 잘 알아채기 때문이다. 그렇게 나는 아이의 마음을 살피기 위해 노력했고, 이런 내 노력을 통해 일어날 아이의 선택을 기다리고 또 기다려야만 했다.

그렇게 반년이 지난 뒤, 아이는 스스로의 선택이 확실해진 시점이 오고 나서야 마음의 빗장을 풀었다.

아들이 음악학원 입시반에 들어가기로 결정한 어느 날, 지훈이는 거실 소파에 앉아 쉬고 있었다. 아이가 거실로 나왔다는 것은 "난 이제 엄마가 어떤 말로 흔들어도 흔들리지 않을 자신이 생겼어."라는 의미와 같았다. 아마 짧지만 굵은 방황을 거치며, 아이 나름대로 단단함이 생긴 것이었으리라.

낯설면서도 감사함이 느껴질 정도로 반갑던 그 모습은, 내 가슴 속에서 평생 잊히지 않을 것이다.

부모가 할 수 있는 최고의 설득은, 아이로 하여금 '부모가 시켜서 한 것이 아니라 스스로의 뜻에 따라 결정하고 행동했다고 여기게 만드는 것'이다. 이러한 과정을 거쳤을 때야말로 아이들은 자신이 결정한 길을 걸으며 맞닥뜨리게 되는 고난과 역경, 그리고 결과의 부족함을 스스로 감내하며 성장할 수 있다.

물론 부모의 강요로 원치 않는 선택을 하게 되더라도 좋은 결과가 나온다면 상관없을지도 모른다. 하지만 열에 하나라도 원하던 결과가 나오지 못한다면, 아이는 그 모든 원망을 부모에게로 돌리게 된다. 자녀와의 관계는 당연히 나빠질 것이고, 심하면 경우에 따라 완전히 등을 돌리게 될지도 모른다.

그러니 엄마가 가지고 있었던 선택의 주도권, 그 결정권을 아이에게 주자. 선택의 주도권을 주고 난 다음 필요한 것은 오직

'인정하고 기다리기'뿐이다.

　지금 당장은 답답하게 여겨질지라도 멀리 보아야 한다. 그리고 아이와의 관계를 지키는 것이 결국은 '아이의 성장과 아이와의 관계 지키기' 두 마리의 토끼를 잡는 법인 것이다.

　윤우상 박사의 《엄마 심리학》이라는 책에서 아래와 같은 구절을 보고 밑줄을 그었다.

　　"엄마가 아이를 있는 그대로 볼 수 있는 맑은 안경을 끼고 사랑의 냄새를 풍긴다면 그 자녀들은 무조건 잘 살게 되어 있다.
　　올바른 사랑을 받고 있는 그대로 인정받은 아이는 그렇지 않은 아이보다 생명력이 강하고 단단하기 때문이다."

　엄마가 사랑하는 아이를 위해 가져야 할 눈은, 당장의 작은 결과물에 집착하는 눈이 아니었건 것이다. 그렇게 나는 '아이는 부모가 믿어주는 만큼 성장할 것'이라는 믿음을 지키며 '믿고 기다림'이라는 과정을 묵묵히 걸어야만 했다.

　　"그런데 아이가 스스로의 뜻에 따라 결정하고 행동하게 했음에도 제대로 변화하지 않으면 어떡하지?"

순간순간 이런 불안감이 나를 찾아왔다. 아이를 믿기로 마음 먹은 부모 누구라도 이런 나와 같은 마음으로 불안할지도 모른다. 그 과정을 먼저 뚫고 나온 지금, 확실하게 이야기할 수 있다. '걱정할 필요 없다'라고 말이다.

겉보기에는 그 과정을 통해 정말 아이에게 변화를 끌어낼 수 있는지 의문스러울 수 있지만, 눈에만 보이지 않을 뿐 아이는 스스로 치열하게 고민하며 분명 부모가 원하는 방향으로 '제대로' 변화하고 있을 것이기 때문이다.

3장

욕심을
내려놓고
마음 비우기

욕심을 내려놓고 마음 비우기

가깝다고 마냥 좋지는 않다

"안전거리를 유지하세요"

"가깝다고 마냥 좋은 건 아니란다. 지금은 멀어서 외롭겠지만 나중
에는 외려 고맙다고 그럴걸. 가지를 벗고 꽃을 피울 때쯤에는 너무
가까우면 서로 다치고 상처를 입게 돼. 햇볕과 바람이 드나들고 통
하려면 사이가 적당하게 벌어져야 해. 그래야 마음껏 가지를 벌려
주렁주렁 매달 수 있거든… 가을배추 아주심기는 40센티미터, 토마
토 옮겨심기는 50센티미터인 것처럼 사람과의 관계도 적당한 거리
가 명료하게 정해진다면 얼마나 좋을까?"

─《관계의 물리학》 림태주

부모와 자식 사이에 적당한 거리는 얼마일까? 아이들이 훨

씬 어렸을 때는 이런 질문을 던져볼 생각조차 해보지 않았다. 그때는 내가 아이인지, 아이가 나인지조차 구분이 안 될 정도로 거리가 없었기 때문이다.

생각해 보니 그래야만 내 마음이 편하다고 느꼈던 것 같다. 아이의 모든 것을 챙겨줘야만 할 것 같았고, 그런 나와 거리를 두지 않는 아이들이 자연스럽고 좋았다.

그러나 아무리 엄마가 세상의 전부인 것 같던 아이들이라도 시간이 지나면 자연스럽게 엄마와 거리를 두기 시작한다.

같은 질문, 다른 속내

"엄마랑 같이 나갈래?"라는 제안에 아이들이 신이 나서 따라 나서던 시기가 있었다. 함께 외출하지 못할 때에는 항상 "엄마, 언제 와?" 하고 물었다. 나는 그 말이 '엄마가 없는 시간에 있는 건 좀 무서우니까 빨리 오세요.'라는 뜻인 줄 알았다. 그래서 볼일을 보러 나가면 일찍 집으로 돌아오기 위해 서두르고는 했다. 돌아온 엄마를 반갑게 맞아주는 아이들을 보면서 '정말로 엄마가 언제 오는지 궁금했고 기다렸구나. 아이가 나를 필요로 하는구나.' 하는 생각에 기뻤다.

그러던 어느 날, 아이의 반응이 달라졌다. 함께 외출하는 것을 꺼려하기 시작하면서 "엄마 언제 와?"하고 묻는 질문의 온도가 달라졌던 것이다. 눈치가 없던 나는 당연히 엄마가 빨리 오면 좋겠다는 마음이겠거니 생각했다.

그날도 나는 최대한 빨리 일을 마무리하고 생각보다 빨리 집으로 돌아올 수 있었다. 반갑게 맞아 줄 아이를 생각하며 현관문을 연 순간, 아들이 후다닥거리는 소리가 들렸다. 이윽고 아이는 현관까지 달려 나와 나를 반기는 듯 "엄마 어디 갔다 왔어?"라고 물었지만, 눈에는 당황스러움이 스쳐 지나고 있었다.

이날 아들이 무엇을 하고 있었는지는 알 수 없었다. 하지만 적어도 다른 한 가지는 확실히 깨달을 수 있었다. '엄마 언제 와?'의 속뜻이 이제 완전히 바뀌었다는 것을.

아이의 언제 오냐는 질문은 더 이상 '엄마 빨리 와.'가 아니었다. '엄마가 오기 전까지 나는 자유롭고 싶으니 언제 오는지 알려주면 그때까지 자유를 좀 누릴게요.'라는 뜻이었다.

그렇게 아들은 엄마로부터 자연스럽게 거리를 두기 시작했다. 혼자 할 수 있는 것들이 점차 늘어갔고, 스스로 성장하기 시작했다.

그러나 나는 아이의 거리두기를 받아들이지 못했다. 늘 아이의 생활을 밀착해서 보아야만 안심이 되었고, 그러다 보니 아이의 일거수일투족을 항상 궁금해했다. 학교에서 뭘 먹었는지부터 어떤 친구를 만났는지, 또 수업 시간에 배운 건 뭔지 등 아들의 일상을 속속들이 파악해야만 했다.

그러나 아이의 행동반경이 넓어지기 시작한 초등학교 고학년부터는 이 일이 원하는 대로 되지 않았다. 아들에게는 내가 모르는 친구들이 많아졌고, 아이가 그날 새롭게 배운 것들을 파악하는 것 역시 어려워졌다.

그랬다. 아들의 세계는 이제 엄마라는 울타리를 벗어나고 있었다. 아들의 세상은 아파트단지의 놀이터 수준에서 옆 아파트로, 옆 동네로, 더 나아가 자전거를 타고 춘천, 서울로 가는 수준으로까지 발전했다.

그러다 보니 아들과 마찰이 생기는 날이 많아졌다. 괴로운 마음을 안고 살던 나는 예방주사를 맞는 기분으로 각종 강연을 찾아다녔다. 그리던 어느 날, 지인들과 함께 경기도 교육청 학생 위기 지원단 안해용 단장님의 강연을 듣게 되었다.

그날 강연의 주제는 아이들의 마음속 괴로움이 자살로 이어진다는 무거운 내용이었다. 사실 강연이 시작될 때만 하더라도 '자살이랑 우리 아이들이 무슨 상관이 있다고…' 하는 마음으로 앉아 있었다. 그러나 강연을 들으며 내 눈과 귀는 조금씩 긴장하기 시작했다. '이게 결코 남의 이야기가 아닐 수 있겠구나.' 하는 생각이 들기 시작한 것이다. 마음 한구석이 서늘해지게 만드는 강연을 듣던 중, 갑자기 단장님이 앞자리의 한 어머니에게 아주 가까이 얼굴을 대고 질문을 던졌다.

"어머니, 제가 이렇게 가까이 서서 보니 어떠세요?"
"부, 부담스럽네요…."
"지금 어머니들이 아이를 바라보는 거리가 이렇습니다. 너무 가까워요"

정신이 번쩍 들었다. 그제야 아들의 마음이 이해가 갔다. 아이는 얼마나 부담스러웠을까. 단장님은 나를 비롯하여 한 대씩 얻어맞은 듯한 얼굴이 된 어머니들을 돌아보며 뒷말을 이었다.

"그럼 어머니들, 아이들과 적당한 거리는 얼마일까요? 식탁 테이블의 거리를 한번 생각해보세요. 얼굴을 마주 보며 대화하기에 부담스럽지 않은 거리가 바로 식탁 테이블만큼의 거리입니다. 자녀와의 거리도 마찬가집니다. 그렇게 거리를 두시면 돼요. 안전거리를 유지하는 거죠"

림태주 작가의 문구가 머릿속에 떠오르는 순간이었다. '가을
배추 아주심기'가 40센티미터, '토마토 옮겨심기'가 50센티미터
라면 부모와 자식의 거리는 '식탁을 두고 마주 앉아 이야기할 수
있는 거리'인 80센티미터 정도가 아닐까.

부모는 얼마든지 아이가 클 수 있는 공간을 주면서도 관찰
할 수 있다. 극도로 밀착해서 모든 걸 지켜봐야만 한다는 내 생
각은 착각이었던 것이다.

"오늘 우리 아이가 자퇴해요"

새 학기가 시작되고 한참 분주하던 3월의 마지막 주 아침, 친한 지인으로부터 평소와 달리 두서없이 쓴 듯한 메시지가 날아왔다. 지인의 복잡한 심경이 물씬 묻어나는 쪽지였다.

"원장님, 오늘 담임샘 상담했어요. 제가.
놀라지 마시고 학교 자퇴하기로 결정."

메시지를 보는 순간 '걱정했던 상황이 현실이 됐구나.' 하는 안타까움이 밀려왔다.

메시지를 보낸 지인의 아이, 민호(가명)는 아들과 동갑내기인

고등학교 1학년생이었다. 민호의 마음고생이 많이 심했던 것 같았다. 부모의 기대치는 높은데 성적은 나오지 않고… 친구들과 어울려 놀고 싶지만 빠듯한 하루하루가 계속되면서 부모와의 사이도 나빠진 듯했다.

부모와 아이의 갈등은 대부분 아이가 놀고 싶어 하는 시간과 부모가 허용해 주는 시간의 불균형에서 시작된다. 해결이 나지 않는 악순환으로 갈등이 반복되면서 아이의 자존감과 자신감은 떨어지고 알게 모르게 많은 상처를 받는다.

민호 역시 부모와의 갈등이 깊어진 상태에서 고등학생이 되었고, 결국 입학한 지 얼마 안 되어 자퇴를 선택하게 된 것이다. 아무리 그렇다 하더라도 자퇴는 결코 가볍게 내릴 수 있는 결정이 아니었을 것이다.

민호의 아버지는 제일 잘하는 것도 공부, 지상 최고의 과제도 오직 공부인 분이었다. 그러니 공부는 제쳐두고 친구들과 놀고 싶어 하는 아들이 심히 못마땅했으리라.

귀가 시간부터 생활 규칙까지 빡빡하게 정해놓은 아버지와 그 모든 것을 거부하며 반항한 아들, 그리고 그 사이에 끼어 위태로운 하루하루를 지키기 위해 노력하는 엄마. 깊이 패여져만 가던 갈등의 골은 결국 민호의 방황의 연속에서 곪아 자퇴라는 결과를 낳은 것이다.

나는 민호의 안정적인 학교 생활을 위해 이제껏 그녀가 해온 노력과 흘려온 눈물을 알고 있던 만큼 메시지를 받고 무척이나 마음이 무거워졌다.

민호 엄마와 나는 일로 만난 사이였다. 사는 지역은 달랐지만, 우리를 끈끈하게 이어주는 공통의 관심사가 있었다. 바로 같은 나이의 아들을 키우고 있다는 것이었다. 동갑내기 아이로 형성된 공감대는 서로 마음을 툭 터놓고 이야기할 수 있을 정도로 우리를 금방 가까워지게 만들었다.

나나 민호 엄마나 아들이 사춘기의 정점이라는 중2였기에 어느 날은 내가 울며 전화하고, 또 어느 날은 그녀가 울며 내게 전화해 위로를 주고받곤 했다. 심지어 이놈의 아들들은 엄마 속 긁는 법을 공유라도 하는지 참 비슷하게도 우리를 괴롭혀서 더욱 그러했다.

생활권이 서로 겹치지 않는다는 것도 나와 민호 엄마가 친해지는 데에 일조했다. 서로의 아들이 비교 대상이 아니었던 만큼 우리는 더 편하게 각자의 속내를 있는 그대로 얘기할 수 있었다. 아이들 역시 서로 얼굴 한 번 본적이 없음에도 서로의 존재를 잘 알고 있을 정도였다.

그렇게 마음을 나누며 지내오던 중 아들이 고등학생이 되던 시기에 일이 터진 것이다. 중학교를 졸업하고, 내 아들은 자신의 꿈을 찾아 예술고로, 민호는 강남의 한 고등학교로 진학했다. 입학 당시만 하더라도 우리는 서로의 자녀가 고등학생이 된 것을 축하하고 격려했다. 설마하니 자퇴라는 소식이 들려오리라고는 생각지도 못했다.

한편으로 나는 결국 '염려하던 일이 벌어졌구나.'라는 생각도 들었다. 나는 걱정스런 마음에 얼른 전화를 걸었다. 막상 민호 엄마의 목소리를 들어보니 생각보다 차분했다. 나는 다행이라는 마음 반, 왠지 모르게 불안한 마음 반으로 '요즘은 학교를 자퇴하고 검정고시를 보거나 새롭게 자신의 길을 찾는 친구들도 많다. 그러니 민호의 자퇴가 너무 큰일이라거나 걱정스럽다는 생각은 들지 않는다.'라는 말로 위로를 건넸다.

"그동안 민호도 자기 마음대로 되지 않는 하루하루에, 부모님과 툭하면 부딪치게 되는 상황들에 많이 힘들었을 거예요. 빡빡하게 정해진 일정대로만 생활하는 게 많이 버거워서 지금은 그저 쉬고 싶은가 보네요. 너무 크게 걱정하거나 힘들어하지 마세요. 민호는 분명 자신이 가야 할 길을 잘 찾아갈 거예요."

나는 '자퇴라는 결정에 이르기까지 분명 가족 모두가 힘들었겠지만, 아이가 스스로 선택한 길이라면 지지해주는 것이 좋을 것 같다.'라는 말 이상의 위로를 해줄 수 없었다.

그렇게 통화를 마치고 나는 내 일정대로 바쁜 하루를 보냈다. 그리고 잠자리에 누우려는 순간, 메시지가 도착했다는 알림음이 들렸다.

"너무너무 슬프네요 원장님."

짧은 메시지를 보는 순간 쿵! 하고 마음이 내려앉았다. 나는 급히 민호 엄마에게 전화를 걸었다. 민호 엄마 왈, 하루 종일 바

빠서 다른 생각할 틈이 없었다고, 정말 온종일 괜찮았다고 한다. 그런데 밀린 업무를 다 처리하고 늦은 시간에 혼자 사무실에 남으니 그제야 슬픔과 공허함이 밀려오더라는 것이다.

민호 엄마의 이야기를 듣고 있자니 그 마음이 그대로 전해져 내 마음까지 짠했다. 자퇴를 결정한 민호의 마음은 한 짐 내려놓은 심정일 것이다. 하지만 민호가 내려놓은 마음의 무게는 그만큼 그 부모에게로 옮겨갔다.

나는 그녀가 느끼고 있을 상실감을 위로할 마땅한 말이 떠오르지 않아 '마음이 힘드셔서 어떡해요….'라는 말밖에 전할 수가 없었다. 그런데 그 순간, 영상 하나가 불현듯 떠올랐다.

"아, 제가 영상 하나 보내드릴게요. 이메일 주소 알려주세요. 늦게라도 보시면 마음이 좀 편안해지실 것 같아요."

내가 그녀에게 보내준 영상은 30여 년에 달하는 강연 경력을 가진 '김미경' 강사가 〈어쩌다 어른〉이라는 방송에 출연한 강의 영상이었다. 그녀는 꿈과 연애, 직장생활, 경제, 자녀교육 등에 대하여 본인만의 철학으로 이야기를 풀어나가며 많은 팬들을 보유하고 있는 것으로 유명한 사람이다.

마음에 땅굴을 파고 지하로 들어가면

　김미경 강사는 자신의 아들이 예고에 합격했다가 자퇴하는 과정에서 겪었던 시간에 대해, 부모로서 그 상황을 어떻게 받아들여 보다 나은 엄마로 성장할 수 있었는지에 대해 이야기했다.

　남편과 식사 도중 우연히 보게 된 이 영상은 아들 지훈이가 예고 입시를 준비하던 시기의 나와 남편에게 아들을 바라보는 시각에 일대 전환점이 되게 해주었다.

　내게 도움이 되었던 만큼 민호 엄마에게도 이 영상이 도움이 될지 모른다고 생각했다. 특히 내가 감명 깊게 본 부분은 '아이가 마음에 땅굴을 파서 지하 10층으로 들어가 버리면 부모는 어떻게 할 것인가?'를 묻는 대목이었다.

　한번 자문해 보자. 당신의 아이가 마음속에 굴을 파고 그 아래 깊숙이 들어가 버린다면 당신은 어떻게 하겠는가? 김미경 강사는 이 질문에 아래와 같은 답을 제시했다.

　"건강한 부모라면, 아이를 다그치기보다 아이보다 더 낮은 층인 지하 11층으로 내려가 아이를 받쳐주어 상처 입은 아이가 회복할 수 있도록 도와주어야 합니다. 그렇게 아이가 충분히 휴식을 취하여 지친 마음을 회복하고 스스로 지상으로 올라올 수 있도록 발판이 되어줄 수 있어야 합니다."

나는 부디 이 영상이 상처 입은 영혼과 마주하고 있는 민호 엄마에게 시의적절한 위안이길 바라며 잠자리에 들었다.

다음 날 아침, 민호 엄마로부터 다시 메시지가 왔다. 민호 엄마는 밤새 남편과 함께 영상을 돌려보며 펑펑 울었고, 한결 마음이 편해졌다고 했다. 그리고 민호에게 '네 자퇴를 엄마 친구들이 알게 하지 마.'라고 말한 것을 뼈저리게 반성한다고 고백했다.

민호를 포함한 민호의 형제들은 소위 말하는 엄친아들이었다. 민호 엄마는 늘 그런 자식들을 은연중에 자랑거리로 삼아왔기에 자퇴한 아들이라는 사실이 체면을 떨어뜨린다고 생각해 아이의 입을 막으려고 했던 것이다.

현재 민호는 청소년에게 허락된 범위 내의 아르바이트를 하며 자신만의 방식으로 세상과 소통하는 법을 배워가고 있다. 그리고 검정고시도 준비하는 중이라고 했다. 민호는 지금, 이전까지 엄마 아빠가 제한해왔던 울타리를 뛰어넘어 상상도 못할 만큼 그 크기를 키우며 성장해 가는 중이다.

무엇보다 민호에게 나타난 큰 변화는 눈빛이 내뿜는 파장이다. 부모의 뜻과 사사건건 부딪치던 시절의 매섭던 눈빛이 순수한 아이의 눈빛으로 돌아왔다는 것이다. 눈빛의 변화는 곧 아이의 마음이 달라졌다는 것을 뜻한다. 그리고 이 변화는 닫힌 마음이 얼마나 열려 가고 있는지를 파악하는 척도가 된다.

'자퇴'는 학교라는 사회를 떠나는 일인 만큼 신중해야 할 일이 맞다. '자퇴=부적응'이라는 공식이 성립될 수도 있기 때문이다. 하지만 '자퇴'가 실패를 의미할 수는 없다. 어쩔 수 없는 선택으로 민호와 비슷한 상황에 놓인 친구들이 있다면, 이런 의미에서 자퇴란 아이가 스스로를 관찰할 기회를 가져 보게 만드는 시간이자 쉼표이지 않을까?

아이뿐만이 아니라 부모 역시 고집해오던 방향에 대해 점검하고 방향을 전환할 수 있는 계기가 될 수도 있다. 부모 역시 아이에게 이전에는 하지 못했던 '관찰'을 통해 '실천'할 수 있는 상태가 마련된 것이기 때문이다.

인생에서의 쉼표는 새롭고 더 큰 기회를 맞이하기 위한 소중한 휴식이 되는 걸 나는 여러 번 보았다.

"불러주는 대로 된다"

어느 날, 나는 '사랑하는 나의 가족들을 미래에 그들이 되어 있길 바라는 모습으로 불러줘야겠다.'라는 생각이 들었다. 그리하여 내 휴대폰에 저장된 가족들 이름 앞에는 조금 특이해 보일지 모르는 수식어들이 붙게 되었다.

'모든 일이 술술 잘 풀리는 서방님'
'저작권 부자 기타리스트 유지훈'
'자존감 최고 사랑스러운 유지민'

그리고 1년여가 지난 현재, 우리 가족들의 모습은 거짓말처

모든 일이 술술 잘 풀리는 서방님~♥

자존감 최고, 사랑스런 유지민~♀

저작권 부자 기타리스트 유지훈~♡

럼 각자의 수식어들과 닮아가는 중이다.

이처럼 재밌는 '수식어 저장법'의 탄생은 우연히 넘기던 책에서 비롯되었다.《생각의 비밀》(무일푼에서 시작해 4천억 원의 기업체를 일군 인생역전 에세이《김밥 파는 CEO》의 저자 김승호의 두 번째 이야기)에는 자신이 진정 원하는 것이 있다면 100일 동안 매일 100번씩 적으라는 단순한 비법이 등장한다. 매일 반복해서 자신이 원하는 걸 적다 보면 목표가 분명해지고, 자신이 정말 그것을 원하는지도 확실해진단다.

나는 '하루 100번씩 100일 동안의 기적'이라는 문장이 마치 마법의 주문처럼 느껴졌다. 그래서 책을 덮기 무섭게 바로 하루 100번 쓰기에 돌입했다.

그러나 이건 생각보다 만만치 않은 일이었다. 다짐을 썼는지조차 기억나지 않는 날들로 인해 늘 100일의 1일로 돌아오기를 반복했다. 시간이 지날수록 늘어나는 건 100일을 채웠다는 사람들에 대한 늘어남과 그 굳은 의지에 대한 존경심뿐이었다. 머리로는 분명 의지가 문제인 것은 알겠는데… 이 일을 지속하는 게 왜 이렇게도 힘든 걸까? '내게 맞는 나만의 방법을 찾을 수는 없을까?' 이렇게 저렇게 고민해보았지만 떠오르는 답은 없었다.

그러던 중 저자로부터 직접 수업을 들을 기회가 있다는 소식을 듣게 되었다. 그리고 나는 강연회에서 정말 중요한 것을 배웠다.

"100번 쓰기에서 중요한 건 목표를 이루고 싶은 간절함과 목표에 대한 집중력입니다. 뜻하는 바가 있다면, 생각을 글로 바꾸어 물리적인 힘을 가질 수 있도록 자신만의 방법을 만들어 보기를 권합니다.

앞서 얘기한 그 간절함이야말로 그것을 이루는 방법을 찾게 만든다는 의도를 담고 있는 것이죠. 스스로 지속 가능한 방법이라면 목표를 이메일 패스워드로 바꾸어도 좋습니다."

'그래 바로 이거야!'

저자의 말을 듣는 순간 나는 속으로 만세를 외쳤다. 저자의 조언대로 이메일 패스워드를 바꿨고, 내가 원하는 연도까지 희망하는 매출을 조합한 숫자들로 모든 비밀번호를 바꿨다.

이렇게 나만의 100번 쓰기가 새롭게 시작됐다. 매우 만족스러웠다. 이런 방식으로 내 소망을 눈에 보이게 만들어 놓으면 무엇이든 다 이루어질 수 있을 것 같다는 생각이 들었다.

'이걸 다른 데에도 적용해보면 어떨까?'

순간 떠오른 것이 바로 사랑하는 내 가족들에게 긍정의 수식어를 붙여주는 것이었다. 일명 '불러주는 대로 자란다!' 저장법은 그렇게 탄생하게 되었다.

이 저장법이 가장 먼저 결실을 보게 된 건 아들이었다. 아들이 내게 전화를 걸더니 대뜸 이런 말을 하는 게 아닌가?

"엄마, 나 곡 만들었어! 한 번 들어봐요"

아들은 기타를 연주하며 자신이 만든 노래를 신이 나서 흥얼거렸고, 나는 직감적으로 '이 녀석, 뭔가 새로운 걸 시도하려고 하는구나?' 하는 생각이 들었다.

아들의 곡을 다 들은 뒤, 나 역시 기쁜 마음에 신이 나서 아들에게 말했다.

이야~ 아들, 엄마랑 뭔가 좀 통했나 본데?

안 그래도 엄마가 네 전화번호 이름을 바꾸려던 참이었거든!

그냥 유지훈에서 '저작권 부자 기타리스트 유지훈'로!

어때? 맘에 들어?'

이렇게 큰아이의 전화 이름이 새롭게 탄생하자 작은아이에게는 어떤 수식어가 좋을지 고민하게 되었다. 센 엄마, 센 오빠, 가끔 욱하는 아빠까지… 한 성격 하는 가족 사이에서 늘 기죽어 지내느라 소심했던 딸아이. 자신감 없는 아이의 모습이 늘 걸렸기에 나는 고민 끝에 '자존감 최고, 사랑스러운'이라는 수식어를 붙여주기로 했다.

그리고 이제 막 새롭게 일을 시작한 남편에게는 '모든 일이 술술 풀리는'이라는 수식어를 선사했다.

진심 어린 몇 분의 고민으로 만들어진 이 수식어들은 돈을 들인 것도 아닌데 내 마음 한구석을 든든하게 만들어 주었다. 가족들에게 새로 저장한 이름들을 보여주니 다들 기분 좋게 피식 웃었다. 시간이 흘러가면서 놀랍게도 작은 아이는 전보다 당당하고 사랑스러운 모습으로, 남편 역시 계획한 대로 일이 술술 풀려가고 있다.

물론 모든 게 우연의 일치일지도 모른다. 그저 그럴 때가 되어서 일어나는 일들일 수도 있다. 하지만 분명 여기에는 내 소망과 바람이 한몫을 하고 있다고 믿어 의심치 않는다. 가족으로부터 전화가 걸려오거나 문자가 올 때마다 그 수식어들을 보면서 자연스럽게 내가 미래 그들의 성공을 간절히 기원할 수 있었기 때문이다.

나는 여기서 그치지 않고 내 삶과 가족들에게 큰 힘을 발휘하고 있는 100번 쓰기의 경험을 공유하기로 했다. '생각을 글로 바꾸어 물리적인 힘을 가지도록 하는 의도'인 나만의 100번 쓰기를 주변에 전파한 것이다.

주변에서도 흥미롭다며 바로 실천에 옮긴이들의 피드백들이 날아왔다. 얼마 전 아이가 자퇴해 심적으로 힘든 시기를 보내고 있는 지인은 내 이야기를 듣자 아이의 이름을 '크게 될 녀석'으로 바꾸었단다. 아이가 뭔가에 집중하면 불러도 대답조차 안 하는 아이의 엄마는 '한 번 부르면 바로 대답하는'이라는 귀여운 수식어를 붙여주었단다. 또 아이가 자주 삐쳐서 고민이라던 지인은 '삐치지 않는'이라는 수식어를 붙여줬다고 한다.

어떤가? 당신도 이렇게 바라는 소망이 묻어나는 재미난 수식어를 이용해 '긍정언어의 힘'을 느껴보고 싶지 않은가? 그렇다면 망설이지 말고 바로 긍정적 메시지를 담아 생활의 에너지를 충전해 보기를 권한다.

"언어. 너무나 강력하다. 언어는 마음을 무너뜨리거나 마음을 치유
할 수 있다. 영혼을 부끄럽게 하거나 자유롭게 할 수 있다. 꿈을 산산
조각 내거나 꿈에 힘을 더해 줄 수 있다. 관계를 망칠 수도, 새롭게
만들 수도 있다. 상대방의 방어를 단단하게 만들 수도, 방어막을 무
너뜨릴 수도 있다. 우리는 언어를 현명하게 사용해야 한다."

-제프 브라운

"저, 엄마에게 맞았어요"

어느 날, 학원에 온 준호는 평소보다 더 어두운 표정으로 자리에 앉아 있었다. 심지어 수업 내내 하나도 집중하지 못하는 것이 눈에 보였다. 수업이 끝난 뒤 직접 내게 다가온 준호 덕분에 그 이유를 알 수 있었다.

"선생님, 저 어제 엄마한테 맞았어요"

"어머나, 왜?"

"제가 저녁에 수학 숙제 다 하고 '엄마, 나 이제 뭐 해?'라고 물어봤거든요 그랬더니 갑자기 엄마가 '너는 나이가 몇인데 혼자서 알아서 하는 게 하나도 없어?!' 라면서 갑자기 때렸어요"

"아… 그랬구나…"

준호는 얼마나 황당했을까? 스스로 알아서 해 보게끔 기회를 줘본 적도 없던 엄마가 갑자기 '넌 왜 혼자 알아서 못해?!'라며 때렸으니….

준호는 억울하고 화가 난다고 했다. 아이는 그저 엄마가 준비해놓은 것을 최선을 다해 헐떡거리며 쫓아갔을 뿐인데.

다른 한편으로, 같은 부모로서 준호 엄마의 마음도 이해가 갔다. 엄마와 아이, 둘 다의 마음을 알았기에 나는 더더욱 이 모자의 현실이 안타까웠다.

준호의 이야기를 들은 뒤, 나는 준호 엄마에게 전화를 걸었다. 평소에도 서로 안부를 묻고 고민이 있으면 함께 나누던 지인이었기에 편하게 이야기를 나눠볼 수 있을 것 같았다.

"언니, 어제 준호가 하는 얘기 들었는데요. 준호가 많이 당황했던 거 같더라고요. 무슨 일 있으셨어요?"

"아휴, 얘는 왜 이렇게 느리고 뭘 해도 티가 안 나니…. 난 정말 얘만 보면 답답해 죽겠다. 내가 얘한테 쏟는 시간이 얼마나 많은지 너도 잘 알잖아? 얘를 정말 어떻게 해야 할까? 나도 힘들어서 내버려 두고 네 맘대로 하라고 하고 싶은데 그럴 수도 없고. 어휴….”

“그러게요… 언니도 열심히 키워 왔는데 서로 많이 지쳤겠다 싶어요. 그런데 언니, 준호한테 들으니 준호가 보내는 일주일이 너무 바빠 보이던데요.”

“그러게, 뭔가 좀 많긴 한데… 어느 하나 안 필요한 게 없어. 뭘 줄여야 할지도 잘 모르겠어.”

“준호가 꼭 하고 싶은 게 뭔지 물어보고 생활을 좀 단순하게 만들어 주면 어떨까요? 애가 생각할 시간이 전혀 없어 보여요.”

“내가 보기에도 좀 그런 것 같긴 해. 하나하나 추가하다 보니 스케줄이 빡빡해지긴 했지. 내 머리도 쥐가 나려고 해.”

가만 듣고 보니 준호 엄마는 엄마들의 모임에만 다녀오면 준호의 스케줄이 하나씩 추가되었다. 엄마가 필요하다는 생각에, 혹은 주변의 권유를 거절하지 못해서, 그룹을 만드는데 빠지면 다시는 안 끼워 줄 것 같아서, 혹은 그 무리에서 따돌림을 당할까 봐, 염려스러운 마음에 거절하지도 빼지도 못한 아이의 스케줄은 그렇게 하나씩 둘씩 추가되어갔다. 그것을 잘 알고 있던 나는 지금이 기회다 싶어 한마디를 더 보탰다.

“언니, 한 가지 더 얘기하자면, 지금 언니가 만나는 모임들 있잖아요! 혹시 그냥에서 나녀오기만 하면 기분이 나빠지고 애를 닦달하게 되는 모임이 있지 않나요?"

준호 엄마는 잠시 지난 모임들을 생각해보는 듯 말이 없었다. 나는 내가 정말 전하고자 했던 말을 전할 때는 이때라는 생각에 얼른 뒷말을 이었다.

"늘 다른 애들과 비교만 하는 모임과는 조금 거리를 둬 보면 어떨까 싶어요. 다른 애들이 뭐 하는지 정보 수집하는 거 보다 지금 준호가 뭘 좋아하는지 한번 관찰해보시면 좋겠어요. 사실 준호도 잘하는 게 많은 아이잖아요. 근데 늘 공부 하나로만 평가 받으니 자존감이 많이 떨어져 보여서 많이 안타까워요."

"그러게…. 마음은 그게 아닌데 왜 자꾸 아이를 닦달하게 되는지, 나도 괴로울 때가 많아. 한번 잘 생각해 볼게."

엄마들의 모임이 아이에게 끼치는 영향

엄마들의 모임은 아이의 친구도 만들어 주고, 엄마들끼리 서로 아이의 성장에 대한 고민을 나누는 등 긍정적인 부분이 많다. 그러나 모임 안에서 아이들의 조금 더 낫고 모자람을 비교하게 되는 부정적인 부분도 분명 존재한다.

준호 엄마가 속해 있는 모임의 경우 부정적인 영향이 더 강한 모임이었기에 나는 그녀에게 모임에 참여하기보다 아이와 아이의 관심사로 눈을 돌렸으면 했다. 준호 엄마와 마찬가지로 아이를 둔 부모라면 자신이 속한 모임이 긍정적인 영향을 주는 모임인지, 부정적인 영향을 주는 모임인지 점검해볼 것을 권한다.

온라인 커뮤니티 역시 마찬가지다. 만약 당신이 속한 모임이 끝난 뒤에 기분이 나쁘다거나 내 아이가 팬히 미워 보인다면 이는 과감히 거리를 두어야 하는 모임이다.

준호 엄마의 경우, 아이에게 손찌검할 정도의 상황이 왔다는 것은 그녀가 한계점에 다다랐다는 신호와 같았다. 물론 이제까지 빠지지 않고 참여해오던 모임으로부터 발을 빼는 것은 분명 용기가 필요한 일이다. 나 역시 이를 잘 알고 있다. 하지만 준호 엄마와 준호가 정말 건강한 관계를 형성하고 바람직한 미래로 나아가길 원한다면 이 정도의 결단은 필요했다.

다시 몇 달이라는 시간이 흘렀다. 그리고 나는 준호의 얼굴을 보는 것으로 준호 엄마가 어떤 선택을 했는지 알 수 있었다. 얼마 전까지만 하더라도 흙빛이던 준호의 표정이 달라진 것이다. 피부가 까만 것도 아닌데 늘 어둡던 준호의 얼굴이 밝게 변한 것을 보니 내 마음도 덩달아 기뻤다.

얼마 뒤, 준호 엄마와 다시 통화하게 된 나는 그녀로부터 흥미로운 소식들을 들을 수 있었다. 준호 엄마는 한 아이돌그룹의 팬클럽에 가입해 그 안에서 소소한 활동을 하고 있다고 했다. 높은 경쟁률을 뚫고 얻게 된 티켓으로 조만간 콘서트에도 가기로 했다며, 그녀는 들뜬 목소리로 말했다. 그런 준호 엄마의 목소리를 듣고 있자니 내 얼굴에도 절로 미소가 지어졌다.

준호 엄마는 새롭게 생긴 자기만의 취미 생활들로 하루를 채우다 보니 자연스럽게 부정적인 영향을 주던 모임들을 멀리하게 되었다고 한다. 자기 자신을 위해 새롭게 만나게 된 모임들로부터 전에 느껴본 적 없는 삶의 활력을 얻고 있다고도 했다.

준호 역시 엄마가 본인의 관심사로 바빠져 일일이 자신을 챙겨줄 수 없게 되자 스스로 일과를 챙기기 시작했다. 혼자서는 제대로 할 줄 아는 게 없다던 준호 엄마의 고민은 그녀만의 생각이었고 기우였다.

결과적으로 준호는 혼자서 해보는 것들이 늘어났고, 준호 엄마는 이제까지 아들에게 갖지 못했던 너그러움을 가질 수 있게 되었다. 다른 아이들과 내 아이를 일일이 비교하던 마음이 사라지자 자연스럽게 아이의 실수에도 너그러워지더라는 것이다. 준호 역시 숨 막히던 스케줄로부터 벗어나 이제는 자신이 좋아하는 것을 찾고, 하고 싶은 것을 할 수 있는 시간을 갖게 되었다.

누군가는 '그래서? 그런 변화가 아이의 성적을 올려주었나요?'라고 물을지도 모르겠다. 솔직하게 답하자면 성적과 관련된 드라마틱한 결과는 없었다. 그러나 준호 엄마는 그 이상의 성과를 한 마디로 표현해주었다.

'이제야 내 아이가 제대로 보여.'

현재 준호는 운동 쪽으로 진로를 잡고 나아가고 있다. 그랬다. 준호는 몸을 쓸 때 더 빛이 나는 아이였던 것이다.

아이들은 모두 꽃과 같다. 꽃들은 제각기 피어날 시기가 다르다. 색도 다르고 향기도 다르다. 옆집 아이와 내 아이는 절대 같을 수 없다. 그러니 내 아이를 다른 집 아이와 비교하는 일을 당장 그만두자.

진달래에게 왜 개나리처럼 일찍 피어나지 않느냐고, 왜 노란색이 아니냐고 닦달하는 것만큼 어리석은 일은 없다.

만약 당신의 아이가 타고난 장점이 무엇인지 모르겠다면 한

번 어제까지의 시간을 천천히 되짚어보자. 분명 지나온 시간 속에서 놓친 것들을 발견할 수 있을 것이다.

내 아이를 창의력과 경쟁력을 갖춘 아이로 키우고 싶다면 가장 먼저 필요한 것은 바로 관찰하는 눈이다. 아이는 '관찰의 대상'이지 절대 '감시의 대상'이 아니다. 아이의 부족한 면을 들춰내기에만 급급한 눈이라면 과감히 감아버려야 한다.

마찬가지로 아이들 역시 다른 것에 쫓기지 않고 스스로를 들여다볼 시간이 필요하다. 그리고 이 시간은 다른 아이와의 비교 없이 내 아이만을 지켜보는 부모의 너그러움으로부터 나올 수 있다.

"노력하는데 왜 안 바뀌는 거지?"

"쌤, 저는 분명히 책이랑 주변 분들이 조언해준 대로 지훈이에게 너의 꿈을 지지한다고 했고 믿는다고도 했어요. 그래서 아이가 원하는 대로 큰맘 먹고 음악 입시 학원에도 등록해 주었고, 필요하다는 것도 다 사 주고 있어요. 그런데 왜 아이는 아직도 제게 거리를 두고 있는 걸까요? 엄마가 이렇게 노력하는데, 정말 너무 한 거 아닌가요? 아니, 조금은 바뀌는 척이라도 해줄 수 있는 거 아닌가요?"

아들의 꿈을 지지해 주기로 하고 두어 달이 지났을 때, 나는 답답한 마음을 가득 담아 란경쌤에게 매일같이 전화를 걸었다.

란경쌤은 몇 년 전, 인성지도 모임에서 나와 인연을 맺게 된

분이었다. 초등학생 아이를 키우던 내가 좌충우돌할 때, 그녀는 이미 대학생과 고등학생인 자녀 둘을 훌륭히 키우고 있던 선배 엄마이자 청소년 지도 전문 선생님이었다.

아들의 꿈과 선택을 지지하는 과정에서 나와 남편이 얼마나 아들을 이해하기 위해 노력하고 있는지, 동생 지민이는 또 얼마나 그 사이에서 숨죽이며 눈치를 보고 있는지, 백번 양보해서 음악 입시 학원에 등록까지 해 주었건만 왜 아이와의 관계는 제자리걸음인지에 대해서 하소연하고 싶었던 것이다.

'엄마인 나는 이렇게나 노력하는데, 왜 아들은 아무런 노력도 안 하는 것 같죠?!'

당시, 대놓고 입 밖으로 외치지는 못했지만 아들에 대한 속상함과 섭섭함으로 내 가슴은 터져버릴 것만 같았다. 그런 내 하소연을 묵묵히 듣고 있던 란경쌤은 내가 어느 정도 감정을 추스렸다 싶을 때를 기다려 말했다.

"선생님, 아이들은요 부모가 머리로만 이해하는 척하면서 조건부로 자신을 지지하는지, 아니면 정말 가슴 깊숙이 온전히 자신을 믿

고 지지하는지 귀신같이 안다고 해요

한번 생각해 보세요 선생님께서 지훈이를 정말로 지지한 건지, 아니면 그런 척 한 건 아닌지요

아이들은 정말로 엄마가 마음으로 자신을 알아준다고 느낄 때, 부모에게 돌아옵니다. 그러니 조금 답답하시더라도 그때까지 기다려주세요"

그야말로 소름이 돋는 답변이었다. 정확하게 내 속마음을 꿰뚫어 본 란경쌤으로 인해 나는 머리가 띵~ 해지는 것만 같았다.

그랬다. 나는 머리로는 아이를 지지하겠다고 했지만 속으로는 한 발만을 걸친 채 '어디 한번 해 봐라.'는 태도로 아이를 지켜보고 있었던 것이다. 눈 가리고 아웅 하던 스스로를 바로 보게 되는 순간이었다. 부끄러움이 밀려왔다.

문제점을 제대로 보게 되자 '내가 그런 마음이 있어서 아이가 여전히 나를 경계하는 거구나.' 하는 생각과 함께 새로운 고민이 나를 사로잡았다.

나는 진심으로 아이를 이해한다고 자부하고 있었고, '이 정도면 대범한 결정을 할 줄 아는 꽤 괜찮은 엄마 아닌가?'라고 생각했는데…. 아이는 그런 엄마의 속마음을 다 알고 있었나 보구

나. 어떻게 해야 '엄마는 너의 꿈을 온전히 지지한다'는 것을 보여줄 수 있을까?

아이들은 진심을 안다

나는 굳게 결심했다. 아이를 바꾸는 것이 아니라 나를 바꾸기로 생각의 방향을 전환한 것이다. 나는 아이의 부족한 면에 초점을 맞추지 않으려 노력하기 시작했고, 여전히 내 이야기에 귀를 기울이지 않는 아이의 반응에 서운해 하지 않으려 애썼다.

그렇게 하나, 둘 내 마음을 들여다보게 되자 나라는 사람이 얼마나 부족한 사람인지, 아이에게 '엄마'라는 이름으로 얼마나 언어적·정신적 폭력을 일삼았는지를 깨달을 수 있었다.

음악학원에 등록해 주는 대신 학과 공부를 소홀히 하면 당장 끊어버리겠다던 나, 입으로는 온전히 아이의 꿈을 지지하겠다고 말했지만 한 발을 슬쩍 빼놓고 있었던 나, 그렇게 늘 아이의 선택을 인정하는 시늉만 하던 나는 더 이상 '지지하는 척'만 하는 엄마가 아닌 '진심으로 지지하는' 엄마가 되기 위해 고민했다.

그날 이후 매일을 기도하는 마음으로 책과 유튜브 영상을 찾아다녔다. 단어를 기준으로 영상을 찾아봤지만 나 자신이 문제라는 것을 깨달은 뒤에는 '마음공부'와 '자존감'으로 검색 키워드를 바꾸었다.

'어른 엄마'가 되기 위한 수행을 거치면서, 이 시기에 내가 보았던 수많은 책과 영상 중 〈부모가 죽어야 아이가 산다〉라는 다소 자극적인 제목의 영상이 가장 눈길을 끌었다. 제목을 보는 순간, '부모가 죽어야 아이가 산다고? 이게 무슨 끔찍한 소리지?' 하는 생각과 함께 호기심이 들었다. 당시 나는 '마음'과 '자존감'에 관련된 영상을 찾아보고 있었지만 '부모의 죽음'이라는 말의 의미가 너무 궁금했던 탓에 클릭을 하지 않을 수가 없었다.

영상은 공감 소통 전문가인 김창옥 님의 강연이었다. 영상을 본 나는 그가 이야기하는 '부모의 죽음'이 물리적인 죽음이 아닌 '자녀의 삶에 개입하지 않는 무관심'을 의미한다는 것을 알 수 있었다. 훌륭한 자녀 교육은 자녀에 앞서 부모의 본능과 욕망을 제어할 수 있는 부모 교육이 우선 되어야 한다는 것이 강연의 핵심이었다.

나는 그때 느꼈다. 신이 세상에 내 마음대로 안 되는 것이 있다는 것을 가르치기 위해 자식을 보낸다더니. 자식을 키워보아야 비로소 어른이 된다는 말이 정말 이런 의미인가 보구나. 어른들이 말씀하시던 '자식 잘 키우고 싶으면 이것저것 시킬 게 아니라 그저 부모의 뒤통수만 깨끗이 하면 된다.'가 이런 뜻이구나.

욕심이라는 색안경이 문제다

아이는 너무나 잘 크고 있었으나 '부모로서의 욕심'이라는 색안경을 낀 나는 진실을 보지 못했다. 결국 괴로워 죽을 것만 같던 문제의 원인이자 해답은 결국 아이의 성장을 받아들이는 부모인 내게 달린 것이다.

나는 좌충우돌 하면서 나를 집어삼키는 괴물 같던 괴로움이 '나 자신이 문제'라는 사실을 깨닫게 되자 거짓말처럼 그 괴로움을 더는 경험을 했다. 그저 일어난 일을 바라보는 나의 관점과 해석을 바꾸면 되는 일이었다.

아이의 마음을 머리로만 이해하는 것은 아무 소용이 없었다. 아이는 그런 엄마의 마음을 다 알고 있었기 때문이다. 가짜 마음으로는 결코 아이를 움직일 수 없었던 것이다.

김창옥 강사님의 말처럼, 부모로서의 욕심이 들어간 나를 죽이고 정말 아이에게 아이의 삶을 살도록 해주겠다는 진심만이 아이를 움직일 수 있다.

혹시 그 진심이 통하는 시간이 얼마나 걸리는지 궁금한가? 아이의 마음이 회복되기까지 걸리는 시간은 '엄마가 아이를 힘들게 했던 시간만큼'은 지나야 한다고 한다. 그리고 엄마가 아이를 힘들게 한 횟수만큼 미안하다고 사과해야 한다고 한다.

그렇게 진심으로 아이의 마음을 보고, 믿으며 기다려 주어야만 아이는 경계를 풀고 '곁'을 내어준단다.

4장

지지해 주면
스스로
자란다

지지해 주면 스스로 자란다

"게임보다 즐거운 것?"

우리가 살아오며 '몰입'을 경험하는 때는 언제일까? 한번 찬찬히 기억을 더듬어 보자. 떠오르는 순간이 있는가?

그렇다면 그때 그 몰입의 순간들이 지금의 '나'를 만드는 데 어떤 영향을 미쳤는지 한번 되짚어 보자. 무언가에 미쳐 있었던 그 시간, 그 '행복한 몰입'의 순간이 분명 나를 성장시켰음을 알 수 있을 것이다.

그렇다면 이제 질문을 바꿔보자. 과연 내 아이는 언제, 무엇을 할 때 '행복한 몰입'을 하고 있을까?

'엄마, 나 스톱모션 만들어보고 싶어!"

초등학교 4학년이던 지훈이가 말했다.

'스톱모션'이란 정지된 사진 수백 장을 연결해 하나의 영상으로 만드는 작업을 말한다. 마침 레고를 사랑하는 지훈이에겐 아빠가 해외 출장을 다녀오면서 선물해 준 디지털카메라와 저렴한 노트북이 있었다.

큰아이는 말이 떨어지기 무섭게 바로 작업에 들어갔다. 그런 녀석을 보며 나는 '이제 레고로 별걸 다하는구나. 그럴 시간이 있으면 필독서라도 한 권 더 읽을 것이지.'라며 못마땅하게 생각했다. 그때만 하더라도 내 아이의 '몰입의 순간'을 캐치하지 못했던 것이다.

혼자 작업에 들어간 아들은 카메라로 사진을 찍어서는 이리저리 찾아보며 낑낑거리더니 얼마 후 내게 아주 짧은 영상 하나를 내밀었다. 아니 이 녀석 보게? 정말로 피겨의 손이 올라갔다 내려갔다 하는 장면을 완성해서 보여주는 것이 아닌가?

"오~ 대단한데?"

나는 정말로 순수하게 아이가 스스로 만들어냈다는 점이 기특하기만 했다. 무에서 유를 만들어 낸 몰입의 시간에도 감탄했다.

이렇게 시작된 큰아이의 스톱모션 만들기는 겨울방학 내내 계속됐다. 아들은 정해진 공부 시간을 제외하면 방에 틀어박혀 도무지 나올 생각조차 하지 않았다.

'대체 방안에서 혼자 뭘 하고 있는 거야?'

궁금해서 한 번씩 방문을 열고 들여다보니 어느 날은 종이 박스로 스튜디오를 만들고, 또 어느 날에는 조명까지 달아 혼자 방안에서 끙끙거리는 것이 아닌가?

그런 노력이 성과를 보인 것인지 시간이 흐를수록 아이의 스톱모션은 양손을 들고 내리는 장면에서 회전을 하는 장면으로, 또 걷는 장면으로 업그레이드되기 시작했다. 늦은 밤, 원하던 장면을 하나씩 이루어나갈 때마다 아들의 입가에 번지던 그 미소가 지금도 머릿속에 선명하다.

마침내, 방학이 끝날 즈음 아들의 '스톱모션'이 완성되었다. 아들은 피규어가 옷을 갈아입으며 변신하는 장면까지 찍어내는 데 성공한 것이다.

선택과 집중, 그리고 동기부여

멋진 스톱모션이 탄생하는데 대부분의 시간을 쓰다 보니 당연히 학교에서 내준 방학 숙제는 거의 하지 못했다. 정해진 숙제를 안 하면 큰일 나는 줄 아는 엄마, 방학 숙제는 무슨 일이 있어도 다 해야 한다고 생각했던 엄마인 내게 있어서 이는 큰 용기가 필요한 선택이었다.

그렇게 아이는 개학날에 직접 만든 스톱모션 영상이 담긴 USB를 들고 학교로 향했다. 나는 아들을 학교로 보낸 뒤 따로 담임 선생님께 문자를 보냈다.

"선생님, 지훈이가 이번 방학에는 과제를 거의 하지 못했어요. 대신, 이번 방학때 스스로 스톱모션을 만들어보겠다고 끙끙거리던 것들을 USB로 담아 보냅니다. 교실에서 아이들과 함께 감상하는 시간을 마련해주시면 격려가 될 듯합니다. 영상이 짧으니 보는 데 오래 걸리지 않을 거예요."

감사하게도 담임 선생님은 아들이 만들어간 영상을 반 아이들과 다 같이 볼 수 있게 해주고, 그 과정과 성취도 많이 칭찬해주었다. 이 일은 뭐든 궁금하면 해보는 성격이던 아들이 이후로도 거침없이 도전하는 태도를 갖는 데 큰 동기부여가 되었다.

"너는 계획이 다 있었구나!"

"사춘기가 되어 아이가 변한 게 아니었습니다. 아이는 제대로 커가고 있었는데, 제가 아이를 잘 모른 채, 제가 보고 싶었던 것만을 보고 키우고 있었던 거죠. 아이와 갈등이 심해지는 위기 상황이 되었을 때 제가 할 수 있는 건 매일 매일을 부질없는 욕심들을 내려놓고, 아이가 원하는 곳을 같이 바라보며, 아이와의 관계를 회복하는데 집중하는 것이었습니다."

2018년 마지막 주, 아들의 실기시험 당일이었다. 평소 서너 번은 흔들어 깨워야만 일어나던 녀석이 이른 아침부디 제 발로 일어나 조용히 움직이기 시작했다. 가족들 역시 조용히 움직이며 긴장했을 아들을 위해 아침 시간을 맞춰주었다. 시험에 대한 아이의 간절함을 다들 잘 알고 있었기 때문이다.

나 역시 날이 날이니만큼 아침잠을 포기하고 평소보다 일찍 일어나 아들에게 줄 요기 거리를 챙기고 있었다.

'살면서 처음 맞게 된 상황이니만큼 얼마나 긴장될까? 심정이 참 복잡하겠지?'

이 정도가 내가 짐작할 수 있는 아이 마음의 전부였다.

아들은 이날 볼 시험과 며칠 후에 볼 다른 학교까지, 두 곳에서 실기시험을 치를 예정이었다. 이날 보게 될 시험은 준비 기간이 길지 않기에 '시험 삼아 맘 편히 치르자.'라고 했던 시험이었다.

사실 나는 이날 시험을 보는 학교에 대해 아이만큼의 절실함이 없었다. 아니 더 솔직하게 고백하건대 아이가 원서를 쓸 때까지만 하더라도 시험에서 떨어지기를 바랐다. 아들이 원하는 이 학교는 통학하기 어려울 정도로 멀었고, 학비 또한 비쌌다. 아이의 지도 선생님 역시 합격 가능성이 매우 낮으니 다른 곳에 지원하길 권했다. 이런저런 이유로 나는 내심 이 학교를 반대했던 것이다. 하지만 아들은 그런 내게 이렇게 말했다.

"엄마, 나한테 선택 가능한 두 개의 티켓이 있다면 나는 결과를 떠나서 무조건 최고의 선택지에 베팅하고 싶어."

아들이 이처럼 굳은 의지를 보이니 어쩌겠는가? 거짓으로라도 겉으로는 지지하는 모습을 보일 수밖에.

'그래, 어차피 결과는 알 수 없으니까. 그냥 편하게 생각하자.'

나도 그냥 아들이 원하는 대로 내버려 두기로 했다. 하지만 부모의 마음은 어쩔 수 없는 건지… 시험날이 가까워질수록 조바심을 보이는 아이를 보며 내 마음에도 아들의 절박함과 진심이 전달되기 시작했다. 불합격을 바라던 내 마음이 어느새 아이와 같은 마음으로 바뀌어 가고 있었던 것이다.

아들이 처음 '음악을 하겠다'고 선언했을 때만 하더라도 나는 속으로 '겉멋으로 뱉은 말이 뭐 얼마나 가겠어.' 하고 생각했다. 이런 내 마음을 바꾼 건 바로 아들이었다.

아들은 원하는 목표를 세운 그날부터 몇 달 동안 하루도 거르지 않고 연습실로 향했다. 무거운 기타를 짊어진 채 비가 오나 눈이 오나 버스를 타고 한참을 달려 기어이 연습실로 가곤 했다. 레슨이 없는 날에도 마찬가지였다. 아들은 반드시 연습실을 찾아가 6시간의 연습 시간을 채운 뒤에야 집으로 돌아왔고 그 모습이 걱정됐던 나는 어느 날 너무 무리하는 게 아니냐고 물었다.

그러자 아들은 내게 이렇게 대답했다.

"내가 매일 연습실에 가는 이유는 딱 하나야. 하고 싶지 않아도 할 수밖에 없는 환경을 나 스스로 만들기 위해서야."

아이의 말을 듣는 순간 나는 할 말을 잃었다. 뒤통수를 세게 한 대 얻어맞은 기분이었다. 그렇다. 기타에 대한 아이의 간절함은 진심이었다. 그걸 그제야 깨달은 것이다. 겉으로 티는 내지 않아도 내심 아들의 진로를 반대하고 있던 내 마음을 열게 만든 것은 다른 누구도 아닌 아이의 간절함이었다.

아이의 진심을 마주하자 내 안에서도 변화가 일어나기 시작했다. 내 마음은 어느새 통학이고 학비고 다 상관없으니 일단 시험부터 잘 보자는 쪽으로 바뀌었다. 아들의 합격을 진심으로 응원하게 된 것이다.

많은 이들을 울린 '아들의 손'

그렇게 시험 날 아침, 요기 거리를 준비하면서 "잘 잤니?" 하고 인사를 건네다 아들의 손을 본 나는 하마터면 손에 들고 있던 접시를 놓칠 뻔했다. 아이의 손에는 쇳독이 잔뜩 올라온 상처가 가득했다.

"아프지 않아?"

"기타 치면 원래 이래. 이 정도는 뭐, 아무렇지도 않아."

덤덤한 말투로 대답하는 아들을 보자 나도 모르게 울컥 눈물이 차올랐다. 쇠로 된 기타 줄을 얼마나 간절한 마음으로 퉁기고 또 퉁겼으면 손이 저 지경이 됐을까?

이전에도 까졌다가 아물던 걸 본 적이 있었기에 가끔 아들 손에서 생채기를 보더라도 그냥 그러려니 했다. 기타를 본격적으로 시작한 뒤, 가끔 손끝에서 뭔가를 떼어내는 모습도 봤지만 별것 아니겠지 하며 대수롭지 않게 넘겼다.

처음 제대로 본 아이의 손가락에는 몇 번이나 상처가 생겼다가 아문 흔적이 고스란히 남아 있었다. 여전히 푸른 쇳독이 올라 있는 그 손가락들을 보고 있자니 아들 녀석이 6시간의 연습 시간을 다 채우지 않으면 절대 돌아오지 않던 나날들이 새삼 새록새록 떠올랐다.

얼마나 아팠을까? 대체 얼마나 간절했던 걸까? 그런데 엄마라는 사람은 이런 아이의 진심을 전혀 헤아리지 않고 기타를 진로로 삼지 않았으면 하는 못난 마음으로 훼방만 놓고 있었으니…. 정말 나 자신이 너무 부끄러워 쥐구멍에라도 들어가 숨어 버리고 싶은 순간이었다. 그리고 문득 떠오른 생각에 나는 얼른 핸드폰을 집어 들고 찰칵- 아들의 손을 찍었다.

"이런 건 기록으로 남겨둬야 해."

아들이 시험을 치르는 날이 되어서야 제대로 마주한 손… 그렇게 못난 엄마를 울릴 뻔한 영광의 손을 가지고 아이는 시험장으로 향했다. 그리고 본인이 원했던 최고의 결과는 아니었지만, 차선의 결과로 당당히 합격증을 손에 넣었다.

아무도 내 아들에게 아들이 원하는 그 길이 가능하다고 말

해주지 않았다. 학교 선생님들은 물론이고 가장 가까운 가족인 나조차 그랬다. 그러나 아들은 타인의 의미 없는 편견들과 속단에 좌절하지 않았다. 누구 하나 응원해주지 않는 외로운 시간을 피나는 노력의 시간으로 바꾸어 당당하게 자신이 가고자 하는 길을 개척해내고 스스로 증명해낸 것이다.

나는 아들의 시험 당일 찍은 '아들의 손' 사진을 합격 소식과 함께 내 주변 사람들에게 빠짐없이 전송했다. 모두가 하나같이 눈물을 글썽이며 아들의 노력과 결과를 축하해주었다. 아이의 손에서 그 간절함과 노력이 고스란히 느껴졌기 때문이리라.

동네에서 유일하게 기타를 메고 다니던 아이, 남들과 달리 자기만의 길을 선택한 아이. 내 아들의 합격 소식은 동네의 다른 엄마들에게 있어서 하나의 사건이었다. 내 아들의 손가락 사진을 받은 엄마 중에는 이를 자기 아이들에게 보여주며 '이거 보면 뭐 생각나는 거 없니?' 하고 말한 사람까지도 있단다.

누군가는 고작 예술고에 합격한 이야기가 뭐 그리 대단하냐고 할지도 모르겠다. 그러나 이 이야기는 부모가 이끌어서가 아닌 아이 스스로가 자신의 길을 선택해 이뤄낸, '노력에 대한 이야기'이기에 무엇보다 더 가치가 있다. 내 아들이 스스로 자기 자신을 존중하고, 본인이 내린 선택과 결과에 책임을 질 줄 아는 기초가 이런 과정들을 통해 만들어졌기 때문이다. 또한 부모로서 물리적인 지지에만 힘쓰던 내가 정서적인 지지에도 눈을 뜨게 된 계기 역시 '아들의 손'과 같은 숨은 이야기들이 있기에 가능했다.

스스로의 노력을 통해 결과를 만들어낸 아이가 그로 인해 지인들에게 인정받는 경험을 한다는 것은 이후에도 제 힘으로 한 뼘씩, 한 자씩 더 크게 성장해나갈 발판이 되는 경험을 갖게 되는 것을 의미한다. 자기 힘으로 스스로를 증명해냄으로써 자신의 한계를 알고 키워나가는 과정이다. 이것이야말로 아이가 앞으로 다가올 미래를 자신의 힘으로 유연하게 대처해나갈 수 있는 밑천이 되는 것이다.

이 과정에서 부모가 해주어야 할 것은 무엇인가? 그렇다. 바로 존중과 지지다. 나는 몸소 체험한 부모로서 확신한다. 부모의 지지와 존중이야말로 아이 스스로의 선택에 책임을 질 줄 아는 결실로 나타난다는 사실을. 나는 누구에게나 당당하게 말할 수 있다.

자소서 쓰던 날

"엄마가 좀 도와 줄까?"

지훈이가 지원하고 싶은 실용음악 전공 고등학교는 전기 고등학교로 지원 가능한 곳이다. 만일 본인에게 지원 가능한 티켓이 두 장 밖에 없다면 떨어질 지라도 가장 가고 싶은 학교 두 곳에 지원하겠다는 결심을 내비친 상태였다.

당시 나는 아들과 한바탕 전쟁을 치른 후, '너의 선택이니 온전히 모든 과정을 네 스스로 알아서 해 보거라. 나는 도울 것이 없다.'라는 자세로 지켜보고 있었기에 어디에 지원을 하던 그것도 네 자유다 라는 마음이었다.

때문에 끙끙거리는 아이를 보면서도 딱히 도움의 손길을 내밀어주지 않았다. 아들 역시 자신이 선택한 일에 책임을 지려 노력하던 시기였기에 더욱 그런 점도 없지 않았던 듯싶다.

그러나 며칠 후, 아이가 검색창에 '자소서 쓰는 법'을 검색한 것을 보게 되자 내 마음도 흔들리기 시작했다.

이후, 나는 아들에게 "어때? 잘 되어가니?" 하고 스리슬쩍 물어보았다. 아들은 "아직… 생각 중이야."라고만 답할 뿐 여전히 제자리걸음을 걷고 있었다. 그 모습을 보니 왠지 이건 도와야 할 것 같았다.

"아들, 혹시 자소서 쓰는 거, 엄마가 도와줄 부분이 있을까?"

혹시나 하는 마음에 나는 슬그머니 손을 내밀어보았다. 오기로라도 "제가 알아서 할게요."라고 답할지 모른다고 생각한 내 예상과 달리 아들은 냉큼 "그래 주면 나는 고맙죠." 하며 얼른 엄마의 손을 잡았다. 그런 아이를 보니 정말 절박하고 힘들었구나 싶은 마음에 물어보길 잘했다는 생각이 들었다.

내 손을 덥썩 잡아준 아들을 위해 즉시 자소서에 필요한 서류를 챙기기 시작했다. 아이의 지난 3년간이 담긴 생활기록부를 발급받고 아이의 학교생활부터 찾아보았다. 중2 시절 잠시 방황한 시기를 제외하면 나름대로 최선을 다해 살아온 흔적들이 서류 곳곳에 묻어 있었다. 함께 기록부를 보던 지훈이 역시 "와, 내가 이랬구나. 봉사 시간… 124시간?" 하고 중얼거리며 본인의 흔적들을 흥미롭게 살펴보았다.

도와주겠다며 손을 내밀긴 했지만, 나 역시 자소서는 처음이었던지라 막막하긴 마찬가지였다. 아무리 고치고 들여다보아도 뭔가 부족하다는 느낌이 들었다.

마침내 서류를 제출하기 전날이 다가왔다. 그러나 만족스러운 결과물을 만들지 못한 우리 모자는 고민 끝에 다른 선생님의 도움을 받아보기로 뜻을 모았다.

"아들, 저녁에 레슨 마치면 몇 시야? 은주쌤한테 자소서 좀 봐달라고 부탁드리려고. 선생님도 많이 바쁘실 테니까 한 30분 정도만 시간을 내주실 수 있는지 물어볼게."

아들의 OK 사인에 나는 전화를 걸어 사정을 설명했고, 은주쌤은 너무나도 흔쾌히 시간을 내주겠다는 답을 주었다.

은주쌤은 지훈이에게 초등학교 4학년 때부터 책 읽기와 글쓰기를 지도해주던 선생님이었다. 오랜 인연을 이어온 터라 친하기도 했고, 무엇보다 지훈이가 음악을 하겠다는 선택을 멋지디고 격려해주며 지지해주던 선생님이었다.

그렇게 우리 모자는 9시쯤 만나 조언을 받으며 모든 내용을 검토하고 11시가 되어서야 집으로 돌아왔다. 집으로 돌아가는 차에서 슬쩍 보니 지훈이의 얼굴은 초췌한 와중에도 한결 편안해진 표정으로 변해 있었다.

"아들, 의도한 건 아니었지만 우리가 은주쌤 시간을 너무 뺏은 것 같다. 그래도 덕분에 큰 과제를 해결해서 다행이야. 나중에 꼭 감사하다고 한 번 더 인사드리자."

"응, 와… 진짜, 엄마 나 사실 너무 막막해서. 그냥 대충 써내야 하나 생각하기도 했거든. 그런데 이렇게 도움을 받을 줄이야…. 꼰대 같은 이상한 어른들을 보면 짜증나고 그랬는데… 은주쌤 진짜 어른이네. 나도 나중에 어른이 되면 다른 사람한테 은주쌤처럼 도움이 필요할 때 꼭 줘야겠네."

짧지만 무게가 담긴 대화를 통해 나는 부담감과 오기로 꽁꽁 얼어붙어 있던 아이의 마음이 녹아내렸다는 것을 느낄 수 있었다. 오랜 기간 홀로 애쓰던 아이는 이제야 마음의 짐을 덜어낸 것 같았다. 그런 아들을 보고 있자니 내가 큰 도움을 준 것 같아 내 마음속 얼음도 녹아내리고 있었다.

나와 많은 부분이 닮은 큰아이는 뭐든 혼자 감당한다고 생각하는 만큼 책임감도 남다른 편이었다. 아마 모르긴 해도 엄마에게 반기를 들고 시작한 입시의 모든 과정을 혼자 해내야 한다고 생각했을 것이다. 속된 말로 '모냥 빠지게' 도움을 청한다는 것은 그 오기 가득한 녀석의 성격에 생각조차 하지 않았으리라.

물은 위에서 아래로 흐른다

나는 이번 기회를 통해 아들에게 가르쳐주고 싶은 게 있었다. 힘들면 도움을 요청해도 된다는 것을, 그리고 도움을 받는 게 익숙지 않고 불편하다면 나 역시 나중에 같은 도움을 다른 사람에게 주면 된다는 사실을 말이다.

그래서 결과는 어떻게 되었냐고? 지훈이는 자소서를 쓰지 않는 학교에 합격했다.(웃음) 비록 자소서를 쓴 학교에 합격하진 못했지만, 이 시간은 우리 모자가 한 뼘 성장할 수 있었던 감사한 시간이었다.

"물은 위에서 아래로 흐릅니다. 사람 人 자가 막대기 두 개가 서로 기대고 있는 모습인 건, 살면서 서로 도우면서 살라는 뜻인 것 같습니다. 내가 언젠가 누구를 도우면 내가 힘들 때 누군가 내게 도움을 줄 수 있다는 생각이 들어요."

−안해용 단장

"아들아, 도움을 받아서 고마우면 말이야. 물이 위에서 아래로 흐르는 것처럼 너도 도움이 필요한 사람에게 힘이 되어 주면서 살면 돼. 그리고 있지. 세상에는 너희가 말하는 꼰대 같은 어른들보다 진짜 어른들이 훨씬 더 많단다. 오늘 느낀 그 마음을 꼭 잊지 않았으면 좋겠어."

지훈이가 도움을 받아 작성한 자소서 중 내가 가장 좋았던 부분을 공유하고 싶다.

[질문] 귀하에게 있어 음악이란 무엇인지, 좋아하는 음악가와 장르는 무엇인지 적어주세요.

"저에게 있어 음악이란 의지할 수 있는 친구입니다. 제 주위에도 저를 위로해주고, 제 이야기를 들어주는 친구들과 가족들이 있지만, 음악은 단순히 이야기를 들어주는 것만으로는 충족되지 않는, 마음속 어딘가를 건드립니다.

기분이 좋을 때나 힘들 때 그리고 슬플 때, 장소와 시간에 구애받지 않고 음악으로 위로를 받다 보니 자연스레 음악에 푹 빠지게 되었고, 제가 음악을 시작한 계기로까지 이어지게 되었습니다. 누군지도 모르는 음악가에게 위로를 받고 의지할 수 있다는 사실 자체가 너무 놀라웠고, 신기했기에 저도 그런 사람이 되고 싶었습니다.

제가 제일 좋아하는 음악가는 존 메이어이고, 좋아하는 장르는 블루스입니다."

폭풍 잔소리, 그리고 후회

"현상보다는 관계죠"

"지훈아, 지민아. 제발 방 좀 치우자. 자고 일어난 침대는 바로 정리하고 책상도 좀 치우고 그 책상에서 공부가 되니? 책을 놓고 볼 자리는 있는 거니?

아니, 그리고 옷은 왜 또 의자에, 침대에 여기저기 흩어져 있는 거야? 제발 잘 펴서 옷걸이에 걸어두라고 했잖니.

그리고 다 먹은 콜라랑 과자봉지는 왜 아직도 책상 위에 있는 거야? 방이 쓰레기통이니?

벌레 생기니까 바로바로 치우고 정리 좀 하라고 몇 번을 말해도……

엄마 말 안 들리니?

지훈아, 지민아. 얘들아……!!"

한 아이는 그림을 그리느라, 또 다른 아이는 친구와 통화를 하느라 "예~ 알겠어요." 대답이 건성이다. 듣는 둥 마는 둥 하던 아이들은 엄마의 목소리 톤이 바뀌자 그제야 분주히 움직이기 시작한다. 직감적으로 '엄마가 진짜 화났다.'라는 것을 깨달은 것이다. 심각함을 느낀 아이들이 분주히 움직이며 방을 치우기 시작하면, 이내 예정에도 없던 집안 대청소가 시작된다.

잠시 후, 가정통신문 사이에 끼어있던 성적표(자체 검열하고 엄마에게 전해주지 않은)를 들킨 지훈이에게는 잔소리가 추가된다. 특히나 엄마의 눈에 거슬린 건 과학 성적이다. 늘 평균을 깎아 먹는 주범인 과학 점수가 똑같은 상황을 반복하고 있는 걸 보는 순간 그 화는 결국 아들에게로 향한다. 아들은 결코 과학과 친할 순 없나 보다.

딸 지민이 역시 잔소리를 피해갈 수는 없다. 엄마의 눈을 피해 구비해 둔 캘리그라피용 펜들, 그리고 몇 권인지 모를 정도로 비슷한 수첩을 사 모은 걸 들킨 것이다. 엄마의 눈에는 그게 그거 같은 펜들과 다 비슷해 보이는 수첩들을 쟁여둔 것이 심기를 건드렸다. 그렇게 오늘도 집안에는 잔소리 폭풍이 한바탕 휩쓸고 지나간다.

도무지 이해가 가지 않는 아이들을 보며 고민의 나날을 보내던 어느 날, 나는 이런 속내를 친한 언니에게 털어놓았다.

"언니, 애들한테 잔소리를 안 하고 싶은데 참 마음대로 안 된다. 한두 번 얘기하는 것도 아니고, 같은 말을 토씨 하나 안 틀리고 반복하는데 어쩜 이렇게 매번 같은 잔소리를 하고 또 하게 만드는지 모르겠어. 차라리 안 보는 게 맘 편하겠다 싶어서 못 본 척 해봐도 또 그것도 마음대로 안 되고…. 그렇다고 그래, 차라리 잔소리 하는 입을 닫아버리자 해도 그것도 쉽지 않고… 애들 행동을 대체 어떻게 고쳐야 할지 모르겠어."

지인 역시 나와 비슷한 또래의 아이들을 키우고 있었기 때문인지 내 말에 깊이 공감한단다.

"우리 애도 비슷해. 생활 습관이든 공부 습관이든 어쩜 그렇게 잔소리를 하고 또 해도 변하질 않는지…. 정말 벽보고 이야기하는 것 같은 기분이 들 때가 한두 번이 아니야. 집에서 나만 맨날 악역이라니까? 나도 좋은 엄마, 인기 있는 엄마 하고 싶은데…. 네가 답답한 그 마음, 진짜 백번 이해한다."

현상보다 관계라는 말

나와 같은 고민을 언니와 이야기를 나누다 보니 어쩐지 안심이 되었다.

'역시, 우리 집만의 문제는 아니었어.' 하는 생각이 든 것이다. 평소 생각이 깊은 편이라 배울 점이 많다고 생각하던 언니가 공감해주어 더욱 그렇게 느낄 수 있지 않았나 싶다. 그렇게 이런 저런 이야기를 나누던 중, 내 귀에 꽂힌 말이 있었다.

그녀는 최근 자신도 비슷한 고민을 했는데 교육학을 전공한 친한 교수님께서 이런 조언을 해주었다고 한다.

"지금 눈에 보이며 나를 괴롭게 하는 아이의 성적이나 행동, 그리고 부족해 보이는 학습 같은 것들은 모두 지나갈 현상에 불과해요"

이런 눈에 보이는 현상들을 바로잡아 보겠다고 섣불리 시도하다가는 오히려 아이의 마음을 잃어버리게 될 수 있다는 거다. 그러다 정말 중요한 아이와의 관계를 해치게 된다는 게 그 이유이다. 엄마 입장에서 중요하다 여기는 약속이나 규칙이라는 것들을 아이들은 그리 염두에 두지 않을 수 있단다. 원래 아이와 엄마는 좋은 한 팀이었고, 아이는 엄마에게 무조건적인 신뢰를 보여왔다. 그런데 엄마가 일방적으로 기준을 정하고 지킬 것을 강요하다 관계를 해치게 되면, 아이와의 좋았던 팀워크를 깨는

격이 된다는 거다. 그러니 아이가 당장은 부족해 보여도 그 관계가 나빠질 것 같은 지점에서는 꼭 입을 닫아야 한다고, 그리고 결국 아이들이 필요한 건 나중에 스스로 찾아서 하게 되더라는 게 주된 내용이었다.

'관계? 눈에 보이는 현상보다 관계라고? 관계가 나빠지면 아무것도 못 한다고?'

언니와 이런저런 대화를 더 나누었지만 내 머릿속에는 '현상보다 관계'라는 말에 꽂혀 다른 소리는 제대로 귀에 들어오지 않았다. 반복해서 물음표를 찍던 나는 집으로 돌아오는 길에서야 "아…!" 하는 깨달음과 함께 느낌표가 되었다.

아이가 스스로 뭐든 하고 싶고, 필요하다는 마음이 들면 엄마가 닦달하지 않아도 스스로 하게 되는 날이 온다. 지금 아이가 하지 않는 건 아이의 입장에서 중요하지도, 하고 싶은 마음도 없기 때문이다. '아이가 잘못되거나 정말 인성이 나쁜 쓰레기가 되면 어떡하나' 싶은 걱정과 아이들을 원하는 방향으로 바로 잡아야 한다는 생각에 자꾸 채근하면 결국 아이는 엄마 말에 귀를 닫는다는 얘기였던 거다!

이런 사소한 일에 에너지를 소모하다 보면 결국 정말 중요한 시기에 나는 아이들과 아무것도 할 수 없게 된다니… 진짜 중요한 게 무엇인지 깊이 고민해 볼 문제인 거다.

그럼 엄마인 내가 할 것은 너무나 명확했다. 당장 보이는 것에 가려 지나치는 것들을 보기 위해서, 또 우선해야 할 관계 형성을 위해서라면 가끔은 눈을 감을 필요가 있다. 잔소리하고 싶은 입을 꾹 닫아야만 한다. 당장 내 눈에 거슬리는 것들에 신경 쓰느라 그 뒤에 숨겨진 아이의 마음과 틀어져 관계를 형성하지 못하는 상황이 연속되는 것에 잠시 쉼표를 찍어야 한다. 아이가 스스로 필요하면 언제든 할 거라 믿으며 기다려 줘야 한다.

눈을 감아야만 볼 수 있는 세상

그날 이후 나는 아이들의 방이 더러워도 눈을 감기로 했다. 방이 좀 더러우면 어떤가? 준비물도 좀 못 챙기면 어떤가? 스스로가 불편하면 알아서 챙기겠지! 성적도 조금 부진하면 어떤가? 올백이 인생 백점을 의미하는 것도 아니고, 스스로 필요하다고 느끼면 죽기 살기로 공부하겠지!

나는 지금 아이들의 현재가 아이들 나름에서는 최선이라 생각하며 잔소리 대신 격려해 주기로 다짐했다. '그래, 네가 과학을 열심히 하지 않는 이유가 있겠지.' 하며 믿어주는 방식을 택하기로 한 것이다.

나는 지인을 통해 전해들은 말 중, '어떤 현상도 아이와의 관계를 해치면서까지 바로잡아야 할 일은 없다.'는 말을 가슴에 깊이 새겼다. 아이들과의 관계가 깨지면 그때는 아무리 아이를 위하는 교육적인 메시지를 전달하고 싶어도 조언으로 받아들이지 않을 것이다. 그 어떤 황금 같은 말이라도 이미 깨져버린 관계에서는 잔소리 그 이상으로 들리지 않기 때문이다.

당장 눈에 보이는 아이의 행동 때문에, 그런 아이에게 늘어놓게 되는 잔소리 때문에 마음이 괴로운가? 아무리 눈을 감고 입을 막으려 애써도 도무지 잔소리를 그칠 수 없는가? 그렇다면 꼭 주문처럼 마음과 입에 이 말을 되뇌어 보자. 장담컨대, 잔소리 억제에는 제법 효과가 있는 주문이다.

"당장 눈에 보이는 현상보다 관계가 우선이다. 어떤 현상도 아이와의 관계를 망치면서까지 개선할 건 없다."

"정말 꿈이 없는 걸까?"

"원장님, 아드님은 어느 고등학교에 보내실 예정인가요?"

"글쎄요…? 본인이 가고 싶은 곳으로 가겠지요?^^"

연수 어머니는 의외라는 표정이다. 당시 연수 어머니는 중2 딸을, 나는 중3 아들을 둔 시점이었다. 나는 음악을 하고 싶다는 큰아이의 선택을 지지해주기로 결심을 굳혀가던 시기였기에 '아이가 원하는 곳으로 가지 않겠나.'라고 답한 것이다.

사실 그전까지만 해도 원래 큰아이를 보내고 싶은 고등학교는 따로 있었다. 아이의 의지와는 전혀 상관없는, '기숙사기 있는 특목고'였다. 아이가 음악을 하겠다고 선언하기 전까지만 하더라도 '특목고'라는 선택을 강요해왔다. 그러나 대쪽 같은 아들의 결심에 내 뜻이 비집고 들어갈 틈이 없음을 알게 되자 '그래, 좋아하는 것을 하게 해야지.'라고 생각하며 아이의 뜻을 따르는 쪽으로 마음을 달래는 중이었다.

"아드님이 진짜 예술고에 가려나 보네요. 그런데요. 원장님, 저는 진심으로 아드님이 지금이라도 기타를 그만두면 좋겠어요. 지금까지 공부한 게 너무 아깝잖아요. 제가 이렇게 안타까운데 원장님 마음은 오죽 속상하시겠어요?"

진심으로 안타까운 듯 보이는 연수 어머니의 표정에 살짝 당혹감을 느꼈지만, 한편으로는 과하게 몰입할 수밖에 없는 그녀의 속도 짐작이 갔다.

연수 어머니는 평소에도 남들이 어떤 선택을 하는지에 유난히 관심이 많은 편이었다. 몇 년동안 그녀를 지켜보면서 처음에 내렸던 결정을 시간이 지나면서 다른 사람들이 가는 쪽으로 바꾸는 것을 여러 번 보았다. 때문에 그녀의 질문에 담긴 의도가 너무나도 훤히 들여다보였다. 그녀는 '공부 좀 한다'는 자녀를 둔 부모들이 어떤 결정을 내리는지 알아보고, 그 분위기에 따라 자신도 어떤 결정을 내려야 할지 바쁘게 계산 중이었으리라.

"제 마음대로 되는 건 아니니까요. 하고 싶은 걸 하겠다고 스스로 결심하고 노력 중이니 이젠 그저 지켜봐 주려고 합니다."

아마도 내 말은 그녀가 원하던 대답이 아니었을 것이다. 그도 그럴 것이 공부도 잘하고 성실하기로 소문난 그녀의 딸, 연수의 꿈이 '애니메이션 작가'였기 때문이다.

연수의 꿈은 국내에서 최고로 치는 애니메이션 고등학교로 진학해 정식으로 그림을 배워 작가가 되는 것이었다. 비록 낙서였지만 평소 연수의 책 구석구석에서 그림을 그린 흔적을 발견하곤 했는데 그림 솜씨가 매우 뛰어나다고 생각했다. 하지만 연수의 부모님은 혹시라도 딸이 '불확실한 직업' 세계에 발을 담그게 될까 봐 그녀의 꿈을 심하게 반대하고 있었다.

당시 연수의 어머니는 딸이 허튼 짓(그림 그리기)을 하지 못하도록 감시하고 있었다. '여자의 직업은 안정적인 교사가 최고'라는 게 그녀의 지론이었다. 그렇게 엄마의 강요와 감시가 계속되자 어느 순간부터 연수는 눈에 띄게 말수가 줄어들기 시작했다. 연수의 얼굴에는 늘 짜증이 가득했고, 눈빛은 반항적으로 바뀌어 갔다. 누가 봐도 부모와 심하게 갈등을 겪는 상황이라는 걸 알 수 있을 정도였다.

이후로도 연수 어머니는 몇 번 더 지훈이의 근황을 물었고, 나는 '가고 싶은 곳에 가서 잘 적응하며 지내고 있다.'는 소식을 전했다. 그 후 한동안 그들 모녀를 볼 수 없었다. 한참 후, 우연히 다른 친구를 통해 전해 들은 소식에 의하면, 강력히 반대하던 애니메이션 고등학교의 설명회에 다녀왔다고 한다.

"우리 아이는 꿈이 없어요. 어릴 때는 되고 싶은 것도 많아서 꿈도 자주 바뀌더니 지금은 왜 그럴까요?"

아이에게 꿈이 없다며 고민을 털어놓는 어머니들을 종종 마주할 때가 있다. 그들에게 되묻고 싶다.

"정말 당신의 아이에게 꿈이 없을까요?
어릴 때는 하고 싶은 게 넘치던 아이였을 텐데 그저 사춘기라 꿈꾸기를 멈추게 된 걸까요?"

아마도 아닐 것이다. 꿈이 없는 게 아니라 '성적'이라는 하나의 잣대만을 들이밀며 아이의 꿈을 폄하한 부모에게 적응해버린 것일지도 모른다.

'내가 하고 싶은 일은 쓸데없는 짓이구나.'

'내 꿈을 엄마한테 이야기해봤자 타박만 받는구나.'

아이는 그렇게 생각하게 되어버렸던 건 아닐까? 그럼에도 부모들은 '내 아이는 꿈이 없어 걱정이다.'라고 하소연을 한다. 안타까운 일이 아닐 수 없다.

"네가 하고 싶은 그 일을 하려면 방법은 정해져 있어. 우선 내신을 잘 받아서 일단 좋은 대학에 들어가고 그 뒤에 생각해봐도 늦지 않아. 지금은 쓸데없는 꿈 꾸지 말고 성적 올리는 데만 집중해."

내 아이가 뭔가 하고 싶은 것이 있다고 얘기했을 때, 이런 말을 한 적이 없는지 한번 되돌아보자. '하고 싶은 것은 나중에 할 수 있으니 지금은 공부에 집중해.'라고 강조하며 꿈을 꾸고 그 꿈을 위해 노력해볼 시간조차 주지 않았던 건 아닐까?

'평균적인 기준'과 '안정적인 삶'이라는 세상의 눈높이 때문에 많은 아이들이 좋아하는 것을 해볼 기회조차 제대로 갖지 못하고 있다. 엄마들이 느끼는 불안감은 미치 허니의 색안경과 같다. 엄마들의 눈에 '평균'과 '안정'을 보장해주는 것이라 믿는 성적과 관련된 게 아니면 아이가 정말 하고파 하는 일이라도 '시간만 낭비하는 일'이라고 착각하게 만들기 때문이다.

한번 진지하게 생각해 보자. 좋아하는 것, 잘하는 것에 집중하며 '나만의 기준'을 따라 살아가는 것이 정말로 아이의 미래를 위협하는 일일까? 진정 그 길이 위험한 길인가?

아니다. 그렇지 않다는 것을 우리는 이미 잘 알고 있다. 잘하는 것, 좋아하는 것을 찾아내고, 이에 몰입하여 즐기게 되는 순간이야말로 아이들을 더 크게 성장시킨다는 것을 말이다.

아이들의 자존감은 스스로의 힘으로 성장함을 느낄 때 높아진다. 그리고 이렇게 키워진 자존감은 위기의 상황을 맞닥뜨렸을 때 이를 헤쳐나갈 강력한 동력원이 된다. 삶에서 맞닥뜨리게 되는 큰 위기를 넘기는 저력은 부모가 마련해준 지식이 아니라 아이가 스스로 체험한 '이겨내는 경험', '해내는 경험'으로부터 나오기 때문이다.

많은 사람들이 세상이 제시하는 기준과 평균에 맞추어 살기 위해 노력한다. 평균과 기준에서 벗어나는 것은 무척 불안한 일이기 때문에 그 테두리를 벗어나지 않으려 애쓴다.

하지만 여기엔 주의해야 할 것이 있다. 세상의 기준과 평균이 내게 맞는지 아닌지를 먼저 생각해 보아야 한다는 것이다. 사람은 누구나 다르고 아이들 역시 다 다르다. 어쩌면 누군가에게는 맞는 세상의 기준들이 내 아이에게는 맞지 않을 수도 있다. 그것들이 맞는지 안 맞는지를 점검하지 못한 채 억지로 아이를 맞추려고만 한다면, 맞지 않는 옷을 억지로 입히는 결과를 낳게 될지도 모른다.

'자녀교육은 이러이러해야 한다.'라는 과거로부터 답습한 나만의 좁은 틀 안에 아이를 가두고 섣불리 재단하지 않도록 하자. 내 아이를 위해 필요한 것은 '세상의 기준'보다는 '내 아이에게 맞는 나만의 기준'이다.

이를 위해서는 주어진 틀 밖에서 나를 둘러싸고 있는 세상을 다각도로 바라보는 관점이 필요하다. 중요한 것은 현재 나와 내 아이를 둘러싸고 있는 틀이 내가 선택할 수 있는 전부가 아니라는 것을 인식하는 것이다.

"100명의 아이들을 한 방향으로 뛰게 하면 1등은 한 명 밖에 나오지 않지만, 100명의 아이들을 각자 뛰고 싶은 방향으로 뛰게 하면 모두가 일등이 될 수 있다."

– 이어령 《젊음의 탄생》

한번 스스로 질문해 보자. 한쪽에는 앞선 1명이 웃고 99명은 좌절감을 마주하는 길, 다른 한쪽에는 100명의 아이가 '각자 뛰고 싶은' 방향으로 달리며 누구나 앞선 1명이 될 수 있는 길이 있다. 부모로서의 불안감을 잠시 접어둔다면, 그중 아이를 위한 선택은 어느 길일까?

5장

아이가
부모를
키우고
있었다

아이가 부모를 키우고 있었다

다섯 가지 사랑의 언어

"사랑을 느끼는 언어는 무엇일까?"

　나는 도서관이 좋다. 학원을 운영하다 보니 보통 직장인들과 달리 오후 시간보다 오전 시간이 비교적 더 자유롭고, 이 자유로운 시간에 내가 주로 찾아가는 곳이 바로 도서관이다.

　도서관이 좋은 이유는 여러 가지다. 다양한 사람들이 각자 취향에 따라 책을 읽고 있는 모습을 보는 것도 좋고, 가끔 반가운 얼굴을 만나 담소를 나누는 시간도 좋다. 혼자만의 시간을 갖기에 딱 알맞은 장소라는 것도 내가 도서관을 좋아하는 이유다. 특히 현대인들은 누구의 방해도 받지 않고 홀로 사색에 잠길 수 있는 시간이 늘 부족하기에 도서관에서 누리는 혼자만의 시간은 일상에 있어서 숭요한 유식이 뇌기도 한다. 도서관은 그야말로 나만의 놀이터인 셈이다.

이 도서관에서 내가 가장 좋아하는 곳이 있으니… 그건 바로 로비 게시판이다. 커피 한 잔을 들고 찬찬히 게시판을 가득 채운 공지들을 읽다 보면 그 각양각색의 내용에 흠뻑 빠져 시간 가는 줄 모르고 서 있게 된다. 어쩌면 이리도 다양한 정보들이 가득한지… 게시판을 관리해주는 분들에게 이 지면을 빌려 감사함을 전하고 싶다.

다양한 게시물 중에서도 내가 가장 관심을 갖는 부분은 교육과 관련된 특강 프로그램 공지물이다. 그 주제와 시간이 내 스케줄과 맞아떨어지는 것을 찾게 되는 순간이면 속으로 '나이스!'를 외치며 곧장 수강 신청을 하러 달려간다.

몇 년 전, 그날도 도서관에서 게시판을 보다가 공고 하나를 발견했다. 지원서, 이력서를 작성해 통과되면 시에서 지원하는 예산으로 '인성지도자' 교육을 받을 수 있는 프로그램을 홍보하는 공고였다. 마침 초등학교 4학년 아들과 1학년 딸을 키우면서 '아이들 다루기, 진짜 장난 아니구나.' 하는 생각이 들던 시기였다. 그래서였을까? '인성'이라는 이 두 글자가 당시 내게는 참 매력적으로 다가왔다.

아이를 잘 키우고 싶은 엄마 중 '인성'과 관련된 교육 프로그램을 보고 그냥 지나칠 사람은 몇 없으리라. 즉시 신청서와 이력서를 제출했고, 그렇게 듣게 된 '인성지도자' 프로그램은 내게 새로운 지식과 발견의 장이 되었고, 내 삶에 색다른 즐거움을 선사했다. 뿐만 아니라 이 프로그램 덕분에 다양한 관점으로 아이의 문제를 생각해 볼 기회를 얻어 내 생각의 폭을 넓히는 계기를 마련해 주기도 했다. 지금 돌이켜 보면 '인성 지도자' 수업을 통해 배운 것들과 그때 만난 사람들이 부모로서의 내게 일어난 큰 변화의 시발점이었던 것 같다.

'인성지도자' 수업을 받으면서 모둠 과제를 통해 같은 조원인 엄마들과 잦은 모임을 가졌다. 엄마들뿐만 아니라 그 자녀들까지 동반한 모임이었는데 모든 부모가 아이를 양육하는 데 있어 서로 비슷한 고민을 갖고 있음을 새삼 깨달았다. 과제 모임을 통해 조원들은 혼자 감당하기에는 너무 커 보이던 고민들을 나누며 어느새 고민의 크기가 몰라보게 줄어드는 긍정적인 경험을 할 수 있었다.

이처럼 소중한 경험을 함께한 덕분에 당시 같은 조원이었던 엄마들과의 모임은 지금까지도 이어져 오고 있다. 여전히 아이에 대한 고민을 함께 나누며 성장하고 있다.

'인성지도자' 프로그램을 수료하고 나니 수강생들을 기다리고 있던 것은 선택의 갈림길이었다. '자녀교육 봉사'와 '부모 교육 봉사' 중 하나를 이수해야 했고, 나는 '부모 교육 봉사'를 선택했다. 이때 듣게 된 교육 내용 중에서 가장 큰 변화를 이끌어준 것이 바로 '게리 체프먼(Gary Chapman)'의 '다섯 가지 사랑의 언어'였다.

부모 교육 봉사 프로그램

독실한 목사이자 훌륭한 상담사였던 게리 체프먼은 수십 년 동안 수많은 부부를 만나 그들이 털어놓은 고민을 듣고 거기에 대한 해결책을 제시해 주었다. 이것을 엮은 책이 바로 《다섯 가지 사랑의 언어》였다. 저자는 다섯 가지 사랑의 언어로 인정의 말(Words of affirmation), 함께하는 시간(Quality time), 선물(Receiving gifts), 봉사(Acts of service), 그리고 스킨십(Physical touch) 등으로 분류하고 있었다. 이에 대해 게리 체프먼은 말한다.

"상대로부터 '사랑 받는다'라는 기분이 들게 만드는 방법은 사람마다 다르다. 사람들은 자신이 받고 싶은 방식으로 상대에게 사랑을 표현하는 경향이 있는데, 관계를 풍성하고 안정되게 하기 위해서는 상대방이 받고 싶어 하는 사랑의 언어를 이해해야 한다."

아이들의 사랑의 언어를 알게 되자 내게 작은 변화가 일어나기 시작했다. 아무리 바빠도 틈틈이 딸아이와 시간을 보내기 위해 노력했고, 시간이 짧으면 그만큼 더욱 아이에게 집중하기 위해 노력했다. 이런 노력 덕분에 소아 우울증과 비슷한 증세를 보이던 아이가 빠르게 안정감을 되찾게 된 것이다.

큰아이인 아들의 경우 둘째와 달리 곧바로 아이에 대한 행동을 바꾸지 못했다. 아마도 초등학생 시절에 아이로부터 딱히 큰 문제가 보이지 않았던 이유가 컸던 것 같다. 테스트 결과 아이의 사랑의 언어가 '인정의 말'이라는 걸 알게 되었음에도 머리로만 알고 있었을 뿐 제대로 실천하지 못했다. 아이가 사랑을 느끼는 말이었던 '인정의 말'을 완전히 잊은 채 상처 주는 모진 말들을 무던히도 쏟아냈더랬다.

결국 큰아이가 중학생이 되고 극심한 갈등을 겪으며 감정의 골이 깊어진 뒤에야 절박한 마음으로 사랑의 언어를 다시 찾게 되었다. 미련한 엄마 때문에 아이는 그동안 얼마나 많은 상처를 받았을까? 늦게라도 사랑의 언어를 되찾고 관계를 회복하지 못했더라면 나와 아들의 관계는 어떻게 되었을까?

부모의 기대를 충족시키기 위해 없는 힘까지 쥐어짜며 칭찬 듣고 인정받고 싶었을 것이다. 그러나 나는 그 작은 칭찬과 인정에 인색했고, 아이는 '사랑받지 못한다'고 느끼게 만들었다. 욕심 쟁이인 엄마가 늘 더 노력할 것만을 요구한 결과 결국 갈등의 절벽 끝자락에 서 있게 했던 것이다.

정말이지 다시 생각해도 등골이 서늘한 일이다. 스스로 노력하는 것과는 반비례하여 사랑받는다는 느낌을 받지 못했을 내 아이의 절망감은 얼마나 컸을까? 반성의 시간 덕분에 내가 얼마나 부족한 엄마였는지, 얼마나 어리석었는지를 깨달을 수 있었다.

"엄마가 너무 몰랐다. 너는 목마르다고 계속 물을 달라고 했는데, 밥을 먹어야 건강하다며 엄마가 주고 싶은 밥만 꾸역꾸역 먹이고 있었던 걸 몰랐어. 엄마가 정말 무지했어."

많은 전문가들이 아이들이 겪는 심리적인 스트레스는 부모와의 관계에서 비롯된다고 한다. 나는 사랑의 언어 테스트 덕분에 '아이의 문제를 부모인 나 자신으로부터 찾지 않고 외부에서 찾으려 했던 것'이 얼마나 잘못된 접근법이었는지를 깨달을 수 있었다.

내가 사랑받고 싶은 방식이 상대방에게도 통할 것이라는 착각을 벗어던져야 한다. 우리는 우리가 원하는 방식으로 사랑받을 때 사랑을 받는다고 느낀다. 생각해 보면 너무나 단순한 원리건만 우리는 깡그리 무시하고 산다.

"분노의 편지가 감사의 편지로"

"엄마, 나 음악 하고 싶어."

중2 시절 어느 날, 아들은 폭탄선언을 날렸다.

'쟤, 미친 게 분명해.'

마치 이런 내 생각에 확인 사살이라도 하듯 말이다.

음악에 대해 아는 것이라고는 오선지에 표시된 기본 음계가 전부인 내게 아들의 폭탄발언은 말도 안 되는 소리였고, 곧바로 '그걸로 밥이나 먹고 살겠어?'라는 반응이 튀어나왔다.

갑작스러운 아들의 폭탄선언이 내 귀에는 방황 중인 사춘기 소년의 '겉멋 든 소리'로밖에 들리지 않았고, 기대가 컸던 만큼 당황스럽기만 했다.

비단 우리 부부뿐 아니라 학교 선생님들의 반응 역시 마찬가지였다. 선생님들 역시 아이의 학업에 대한 기대가 컸기에 이 말을 곧이곧대로 받아들이고 그 꿈을 응원하기란 쉽지 않은 일이었다.

이제 와 돌이켜 보건대 '음악'은 아들이 16년 인생에서 처음으로 스스로 선택하고 부모에게 요구한 것이었다. 이 얼마나 감격스럽고 기쁜 일인가! 하지만 나는 '엄마인 내가 옳다.' '아이가 아닌 내가 맞다.'라는 착각에 빠져 이 중요한 순간을 제대로 보지 못했다.

아들의 확고한 마음과는 달리 엄마인 나는 여전히 못마땅한 마음을 감추지 못했다. 학교 담임 선생님을 찾아가 부탁했다.

'선생님, 우리 애 공부시켜야죠 이렇게 중요한 시기에 음악이 대체 웬 말이래요? 선생님이 좀 잘 설득해서 애가 음악 하겠다는 것 좀 포기하게 해주세요.'

음악학원 원장님을 붙들고는 반쯤 협박도 했다.
'아이 성적이 유지되어야 여길 계속 다닐 수 있어요. 그러니까 공부를 꾸준히 하라고 압박해주세요.'

심지어 음악 선생님을 찾아가 내 아이에게 '음악 쪽으로 가망 없음'이라는 멘트를 꼭 날려달라는 치사한 부탁까지 했더랬다. 당시 이런 내 행동들은 오직 아이를 위한 선한 의도라고 생각했다. 오히려 나중에 니가 정신을 차리면 엄마에게 고마워할 거라는 착각 속에 나의 행동들을 방해라거나 훼방이라고 생각하지도 않았다. 음악을 포기 못하겠다면 백번 양보해서 음악교사를 하는 건 어떠냐며 되묻기도 했다.

지금 생각해보면 얼마나 무시무시한 착각이었는지… 엄마라는 이름으로 내 아이에게 '성적'이라는 단 한 가지 잣대만을 들이대며, 아이가 이루고자 하는 꿈을 폄하고 일방적인 폭력을 행사하고 있었던 것이다.

다른 누구도 아닌 엄마 때문에 내 아들은 어디서도 자신의 꿈을 온전히 지지해주는 사람이 없는 환경에 처해야만 했다. 그렇게 자신만의 꿈을 가겠다는 아이의 노력과 훼방 놓기 바쁜 엄마의 전쟁 아닌 전쟁이 몇 달이나 계속됐다.

어느새 5월이 되어 어버이날이 다가왔다. 서로 감정이 많이 상해 있던 때이니만큼 아무것도 안 할지도 모른다고 생각하지 않은 건 아니었다. '속이 좀 상하더라도 의연히 넘어가야지.' 다짐도 했더랬다. 하지만 막상 정말로 아들이 아무것도 하지 않자

섭섭한 마음에 눈물이 핑 돌았다.

　며칠 뒤, 무심하게 아들의 가방을 열고 정리하던 중 나는 꽃무늬 편지 봉투 하나를 발견했다. '설마… 내가 생각하는 그거?' 하는 마음에 얼른 봉투를 열었다.

부모님께.

안녕하세요. 유지훈입니다.

전 집도 많이 나가고 공부 안 하고 기타만 치고, 희망 없는 삶을 사는 것 같지만, 전 열심히 살고 있고, 누구보다 목표와 꿈이 확고하다는 걸 알고 계셨으면 합니다. 또 자꾸 학생의 본분이 시험 잘 보고, 공부 잘하는 거라고 압박하시는데, 그러면 다 공부 잘합니까?

예고 떨어지면 그때 공부하겠습니다. 어버이날 편진데 제 넋두리가 되었네요.

이제 내용을 좀 바꿔봅니다. 절 낳아주셔서 감사하고 키워주셔서 감사하고 열심히 살아주셔서 감사합니다. 저도 열심히 살겠습니다. 늙어서 이런 것도 못 쓰겠지만 썼네요.

사랑하고 감사합니다.

2018. 5. 2. 유지훈 올림.

어버이날 편지. 아들의 허락 하에 공개함.

편지를 다 읽은 나는 기가 찼다. 분명 학교에서 수업 시간 중에 어버이날 편지를 쓰라고 하니 마지못해 쓴 것이리라.

솔직하게 제 마음을 적다 보니 평소 하지 못하고 속으로만 앓던 이야기가 거침없이 표출됐고, 막상 하고픈 말을 다 적은 뒤 정신을 차려보니 마무리는 잘 지어야겠다 싶어 틀에 박힌 감사 인사로 급히 편지를 끝맺은 것 같았다.

나도 모르게 "참… 너답다."라는 말이 흘러나왔지만 웃을 수도 없었다. 아이가 어떤 마음으로 이 분노의 편지를 썼을지 눈에 선했기에 가슴이 먼저 쿵 내려앉았던 것이다.

새삼 지난 몇 달간 내가 해온 일들이 머릿속을 스쳐 지나갔다. 엄마가 자기 아이의 꿈에 훼방을 놓기 위해 벌여온 부끄러운 행적들이…. 나는 부끄럽고 아픈 가슴을 꾹꾹 누른 채 편지를 그대로 가방에 다시 넣었다. 며칠이 더 지나고 아들은 제 손으로 늦은 어버이날 편지를 전달했다.

아들의 편지를 보게 된 뒤에야 나는 아이의 하루하루를 제대로, 자세히 들여다보기 시작했다. 틈만 나면 아이의 꿈을 방해하려던 마음을 내려놓고 나니 '그동안 정말 내 눈에 뭐가 씌었던 건가?' 하는 생각이 들 정도로 아이의 하루가 달라 보였다.

그렇다. 이제까지 끼고 있던 내 아이에 대한 색안경을 벗어 던지고 나서야 내 아들의 '절실함'과 '성실함'이 제대로 보이기 시작한 것이다.

정식으로 기타를 배우기 시작한 지 어느덧 5개월, 상당한 시간이 흘렀음에도 아들은 하루에도 몇 시간씩을 꼼짝하지 않고 기본 음계를 연습하고 있었다. 무엇보다도 아들이 기본 음계만 몇 시간씩 연습하고 있다는 것이 놀라웠다.

아이는 누구보다 잘 알고 있었다. 남들이 몇 년에 걸쳐 도달한 수준을 본인은 몇 달 만에 도달해야 한다는 것을. 경이로운 집중력을 끌어내어 그 압박감을 긍정적인 방향으로 이겨내고 있었다.

"대체 ㅣ ㄴ 밀 ᅰ에시 ㄱ녛 ㅐㄲㅏㅈㅣ 훼방을 놓았던 거지?"

나만의 잣대를 내려두고 아이 자체를 보기 시작하자 아이가 진정으로 원하는 것이 무엇인지, 정말 그 원하는 것에 집중하는 아이의 모습이 얼마나 멋진지가 제대로 보였다. 마침내 아들은 본인이 계획한 목표인 예고 합격을 이루어냈고, 그 뒤에 맞게 된 부모님의 생일에 연주 영상이 담긴 USB와 편지를 선물했다.

부모님께

아들입니다. 편지를 써본 지 너무 오래 돼서 뭐라 시작할지만 10분은 고민했네요. 생일이 겹쳐서 한 편지에 말을 같이 담으려 합니다. 작년에 바빠서 생일 제대로 챙기지 못한 거 두 분 다 정말 죄송하고, 때문에 아무도 못 줄 선물과 아무나 줄 수 있는 편지를 준비했습니다. 지난 1년은 저를 낳으시고 겪었던 생일들 중 가장 특이한 경험들이 많았던 1년 같습니다.

나름 가족 모두가 꿈에도 가까워지고, 새로운 것도 많이 해보고, 다 순조로웠던 건 아니지만 떨어져 있더라도 가족이 있어서 다행이란 걸 느낀 한 해였습니다.

아빠한테는 항상 감사합니다. 다른 친구들 얘기만 들어도 제가 얼마나 큰 신뢰를 얻고 있는지, 얼마나 부담 없이 음악을 하는지 뼈저리게 느껴집니다. 다른 거 다 없더라도 절 믿고 지원해주신 거에 감사하고, 항상 부족하지만 그 신뢰 보답하겠습니다. 엄마한테는 미안합니다. 속 썩이는 일이 지금껏 더 많았음에도 하루 지나면 다시 걱정해주고, 표현은 한 번도 안 했지만 언제든 굳건히 서 있는 기댈 곳이 있다는 것은 진짜 큰 힘이 되었습니다.

앞으로도 계속 음악 할 수 있게 선물은 두 분 같이, 저만 줄 수 있는 걸 준비했습니다. 조금 난해하고 조금 정서에 안 맞아도 잘 들은 척 해주세요. 그게 제가 앞으로 걸을 길이니까. 그리고 녹음 통기타 120만 원짜리로 정했습니다. 생신 축하드립니다.

2019. 10. 1. 아들

감사의 편지. 역시 아들의 허락 하에 공개함

연주 영상도 너무 좋았지만, 지난번과는 차원이 다른 온도가 느껴지는 편지가 감동 그 자체였다. 편지 곳곳에 부모님에 대한 아들의 진심 어린 감사와 떨어져 지낸 시간을 겪으면서 느끼게 된 가족의 소중함까지 담겨있었기 때문이다.

게다가 최소한의 비용으로 최고의 효과를 낸 연주 선물까지! 새삼 '내 아들이 이렇게 알뜰했던가?' 하는 기특함까지 느끼게 해준 선물이었다. 물론 아들의 편지는 편지를 가장한 청구서로 그 끝을 맺고 있었지만, 우리 부부는 그저 기분 좋게 하하 웃고 말았다.

정말… 진심으로 내가 이 아이의 부모라는 것에 감사한 마음을 느낄 수 있는 시간이었다.

특별한 진학 준비

"내 인생 최고의 경험이에요"

"엄마, 나 지금 홍대 브이홀(라이브 공연장) 가야 하는데, 아침에 주기로 한 용돈 지금 받으러 가도 돼?"

"갑자기 브이홀은 왜?"

"보고 싶은 공연이 있어서."

"아침만 해도 별 얘기 없더니, 갑자기 스케줄이 생겼나 보네?"

"아, 안 그래도 홍대를 너무 자주 가는 것 같아서 이번 공연은 안 가려고 했지. 그런데 친구가 같이 가자고 해서 가보려고. 예대 형들 공연은 꼭 보고 싶기도 하고."

"그래, 그림 가는 길에 엄마 사무실에 들렀다 가렴."

2019년 1월 29일 오후 4시반 경, 아들 지훈이와 나눈 통화 내용이다. 당시 아이는 예술 고등학교에 합격하고 입학을 준비 중이었다.

지훈이는 그달에만 5번째로 홍대 나들이를 하고 있었다. 대중교통을 이용하면 버스와 지하철을 갈아타며 움직여야 하는, 장장 4시간이나 소요되는 이동 거리였다.

엄마인 내 입장에서는 그야말로 헉! 소리가 절로 나는 이동 시간이었지만 아들은 해야 할 일, 만날 사람이 있어서 가는 길이었기에 그리 대수롭지 않은 듯했다.

그 무렵 지훈이는 입학 동기들을 미리 만나거나 친구 연습실을 구경하기 위해, 그리고 친구들과 합주를 하기 위해, 좁은 동네를 벗어나 서울 나들이를 하고 있었다. 스스로 새로운 환경을 찾아 나서며, 낯선 곳에 발을 내딛기 위한 경험을 쌓아나가고 있었던 것이다.

일반적으로 고등학교 진학을 앞둔 중3들이 겨울방학을 보내는 곳은 윈터스쿨이나 기숙학원이다. 부모 입장에서는 중3의 겨울방학이 길다 보니 아이를 공부에 집중시켜 성적을 올릴 절호의 기회로 삼기 때문이다.

윈터스쿨이란 입시 학원에서 운영하는 겨울방학 집중프로

그램이다. 하루에 영어 단어만 수십 개에 빡센 영어 문법 수업, 수십 장의 수학 문제들과 미리 풀어보게 되는 수능 문제, 그리고 독서까지…. 아이의 성적에 욕심이 있는 엄마들에게 있어서 윈터스쿨은 그야말로 거부할 수 없는 최고의 기회이자 최상의 선택이다. 이 시기에 고등학생이 되기 위한 학습 과정을 밟으면서 다음 해를 준비하는 것이다.

우리 지훈이는 이런 동갑내기들과는 전혀 다른 방학을 보내고 있었다. 아마 지훈이가 일반고를 택했다면, 역시 동갑내기 친구들과 같은 과정을 밟고 있었을지도 모른다. 그러나 일반적인 틀을 깨고 스스로 예술가의 길을 선택한 지훈이에게는 해당하지 않는 이야기였다. 지훈이에게는 남들과 다른, 자신만의 조금 특별한 고등학교 진학 준비과정이 필요했던 것이다.

유튜브 영상으로 실력을 키우다

지훈이가 택한 길은 담임 선생님은 물론 부모인 나와 그리고 아이조차 걸어본 적이 없는 길이었다. 아들 지훈이와 같은 경우의 학생이 택할 수 있는 전형적인 한 가지 길은 전공 레슨을 디 밍아세 받는 것이었다.

하지만 나는 아이를 바쁘게 만들고 싶지 않았고, 아이 역시 여유롭게 시간을 보내고 싶어 하는 듯했다. 게다가 당시 지훈이는 진학을 위해 서울로 거주지를 옮겨야 했으므로 이전까지 받아오던 레슨도 그만둔 상태였다. 이래저래 어느 곳 하나 매인 곳이 없는 자유로운 상태였던 것이다.

갑작스레 맞게 된 완전한 자유에 지훈이는 잠시 불안해하는 것 같았지만 이내 스스로 시간을 보내며 불안함을 달래는 방법을 찾아내었다. 아이는 유튜브 영상을 찾아보며 마음에 드는 곡들을 골라 자유롭게 카피해보는 등 유명 연주자의 연주법을 따라해 보며 시간을 보내기 시작한 것이다.

"엄마, 생각해보니까 레슨 받을 때는 선생님이 내준 숙제를 하느라 바빠서 그 스타일 따라가기에만 급급했거든. 그런데 이제 내가 원하는 스타일대로 연습할 수 있으니까 그게 더 좋은 것 같아."

지훈이는 베란다 유리에 비치는 자신의 모습을 보며 연주자의 포즈를 따라하곤 했다. 그렇게 방학 기간 동안 아이는 스스로 실력이 늘어가는 재미에 푹 빠졌고, 입시 때문에 즐길 여유를 갖지 못했던 자신에게 보상의 시간을 주고 있었다. 주어진 과제를 따라가는 것이 아니라 스스로 설정한 목표와 범위를 따라서 말이다.

미치도록 재밌어

용돈을 받은 아들은 곧장 5번째 홍대행에 올랐고, 저녁 공연이다 보니 자연스럽게 귀가 시간도 늦어졌다.

아이를 기다리다 깜빡 잠이 들었던 나는 아침이 되었다는 사실에 놀라 얼른 휴대폰을 확인했다. 새벽 1시에 아이로부터 카톡 하나가 도착해 있는 것이 아닌가? 저녁 9시쯤 엄마가 보낸 카톡을 뒤늦게 돌아오는 길에 보고 답한 메시지였다.

"아들, 재밌나?"

"미치도록 재밌어. 내 인생 최고의 경험!"

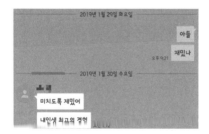

아들은 평소 잘 쓰지 않던 '미치도록'이라는 표현까지 써가며 지난 밤 공연에서 받은 감동과 흥분, 설렘을 전하고 있었다. 아이의 감동 충만한 카톡을 보자 내 가슴까지 덩달아 뜨거워지는 것 같았다.

'그래, 잘 견뎠어. 우여곡절도 많았지만 결국 아이의 선택을 지지해 주길 잘 한 거야. 불확실한 진로면 뭐 어때? 아이에게 선택권을 준 건 잘한 일이야.'

아들의 방문을 열어 보니 지난밤 공연의 여운을 안고 잠든 듯, 미소가 걸린 채 잠들어 있는 아들의 얼굴이 보였다.

새로운 일을 앞두었을 때, '떨리면 지는 거고, 설레면 이기는 것이다.'라는 말을 들은 적이 있다. '그럼 미치도록 이라면 어떻게 되는 거지?' 하는 생각에 설렘으로 가슴이 떨렸다.

레슨을 그만두고 한 달 정도의 시간 동안, 아이는 혼자 연습하며 좋은 공연을 찾아 관람했던 것이 아주 큰 공부가 되었다고 했다. 아이는 직접 공연장에 가봄으로써 영상과 달리 실황이 주는 감동을 느꼈고, 그런 현장감을 느끼는 엄청난 경험을 하며,

스스로를 성장시키는 시간을 갖게 되었던 것이다. 그뿐만 아니라 이러한 시간을 통해 '내 아들이 남의 아들보다 얼마나 나은가'로 비교 당하기만 했던 조바심으로부터 자유로워졌다. 비교 대상이 없어짐으로써 '독보적인 존재'가 된 아들은 스스로 다른 방향에서 자존감을 찾은 것이다.

'그래, 남들과 다른 인생 시간표로 가면 어때? 그 안에서 내 아이가 살아 움직이는 모습을 볼 수 있다면, 그걸로 충분한 게 아닐까?'

"효자, 효녀의 기준이 바뀌었어요"

아들 지훈이는 본인이 다니고 싶은 학교를 다니기 위해 남양주에 있는 집을 떠나 서울에 있는 할머니 댁으로 거처를 옮겼다.

그렇게 시작된 아들의 독립인듯 독립 아닌 생활이 이어지는 한 달 동안, 우리는 지훈이의 얼굴을 두세 번밖에 볼 수 없었다. 얼굴을 보기는커녕 이른 아침 등교와 합주, 그리고 레슨 등으로 인해 통화조차 어려운 날들이 계속되고 있었다. 그전까지 한 번도 지훈이와 이만큼 오래 떨어져 본 적이 없었기에 여러모로 불안했다. 동네에서 생활하던 초중등 때는 시간대별로 아이의 동선이 눈에 훤했기 때문이다.

'이 시간쯤이면 어디에서 뭘 하고 있겠지~'

늘 짐작이 가능했으며, 아들의 활동반경이 멀리 가봐야 옆학교 근처라는 것을 알았기에 걱정할 일이 없었다. 심지어 지인들로부터 "지훈이, 편의점 앞에서 친구들이랑 라면 먹고 있던데?" 하는 식의 제보도 심심치 않게 들어올 정도였으니… 안전 면에서는 심적으로 무척이나 편안했다.

고등학교에 진학하면서 지역이 달라지자 아이의 동선에 대해 전혀 감이 잡히질 않았다. 가끔 날아오는 카드 사용 내역에는 홍대, 부천, 안양, 강남, 인천 등 여기저기 홍길동처럼 돌아다니는 것만 확인 가능할 뿐이었다.

이전까지는 무슨 일이 생기더라도 즉각 달려갈 수 있다는 생각이 안정감을 주었지만, 이제는 차로 한 시간이 넘는 거리에 아이가 있다고 생각하니 자연스럽게 불안한 마음이 들었다.

이렇게 안절부절못하는 엄마와 반대로, 아이는 엄마의 잔소리로부터 해방되었을 뿐만 아니라 공통의 관심사를 가진 친구들까지 자유롭게 만날 수 있었기에 행복한 나날을 보내고 있었으리라.

생일맞이 깜짝 방문

아들이 집을 떠나고 마침 지훈이의 생일이 다가왔다.

'이 참에 아이가 생활하는 곳도 보고 따뜻한 밥도 사 먹이
자.'

생일 전날에 깜짝 방문을 할 계획이었다. 신이 나서 아들에
게 전화를 걸어 스케줄을 물었지만 아들 왈, 합주 연습에 간다는
것이 아닌가?

아들은 방과 후면 친구들과 연습실에서 합주하는 것이 새로
운 일상으로 자리 잡은 듯했다. 너무나 하고 싶던 일이니 얼마나
행복할까? 그 모습을 보고 싶다는 생각에 '합정역 2번 출구'를
입력하고 서울로 출발했다.

오랜만에 아들을 볼 생각에 설레었던 나는 같이 연습하는
친구들에게 줄 간식까지 사 들고 연습실을 찾아갔다.

'여기가 지훈이가 자주 오는 곳이구나…'

직접 눈으로 장소를 확인하니 불안하던 마음이 조금이나마
풀리며 안도감이 들었다. 잠시 후, 합주를 마치고 나오는 아들을
보자 눈물이 날 정도로 반가웠다.

무엇보다 내 얼굴에 미소를 짓게 만든 건 아들이 친구들 사

이에서 무척이나 행복해하는 모습이었다. 아들 지훈이와 함께 있던 아이들은 지훈이와 마찬가지로 스스로 선택하고 노력한 결과 그 자리에 있게 된 때문인지 하나 같이 표정이 밝고 당당했다. 아이의 선택을 지지해주길 잘했다는 생각이 드는 순간이었다.

엄마인 나는 늦은 저녁이 되어서야 연습을 마친 아들을 태우고 할머니 댁으로 가면서 밀린 이야기를 나눌 생각에 들떠있었다. 그사이 어떻게 지냈는지, 새로 사귀게 된 친구들은 어떤지, 학교생활은 또 할 만한지 등등 묻고 싶은 이야기들이 한두 개가 아니었던 것이다.

"지훈아, 아까 베이스 들고 있던 걔는 누구야? 보컬은 누구?"

나는 궁금했던 것을 물으며 대화를 시작하려 했지만 아들에게 걸려온 전화로 인해 차 안에서의 대화는 그대로 끝이 나고 말았다. 아들은 친구로부터 걸려온 전화를 집에 도착할 때까지 이어갔던 것이다.

'아들하고 대화 한 번 하기 정말 힘드네.'

다음 날 아침 맞게 된 생일, 당연히 미역국을 끓여주고 싶었다. 그런 내게 아들은 미역국을 먹고 싶지 않다는 것이 아닌가? 꼭 붙고 싶은 오디션이 코앞이라 미역국을 건너뛰고 싶다는 것이었다.

'엄마는 밥 먹이러 온 건데….'

결국 집을 떠나고 맞게 된 아들의 첫 생일 아침밥은 미역국이 아닌 요거트가 되었다. 섭섭했지만 어쩔 수 없었다. 그렇게 나는 소기의 목적을 달성하지 못한 채 아이의 등굣길을 태워주는 것으로 아쉬움을 달래야만 했다.

아침 7시가 되기도 전에 아이를 학교에 내려주면서, 굶지 말고 뭐라도 꼭 사 먹으라며 아이의 손에 3만 원을 쥐어 주었다. 기타 가방을 메고 교문 안으로 들어가는 아들의 뒷모습을 본다.

'아이고… 저 가방이 얼마나 무거울까….'

'또 얼마나 고단할까….'

이런 내 생각과 달리 지난 저녁에 무척이나 밝고 생기 넘치던 아이의 표정을 떠올리며 나는 착잡함을 뒤로 하고 집으로 차를 돌렸다.

그날 오후, 나는 이범 선생님의 강연을 듣게 되었다. 이범 선생님은 유명 학원의 일타강사였던 화려한 이력을 뒤로하고 교육평론가와 교육정책 보좌관 활동을 한 분으로 현재 네 명의 아이를 키우는 한 가정의 아버지이기도 하다. 착잡한 마음으로 앉아 있던 내게 이범 선생님의 강연은 적잖이 위로가 되었다. '스카이 캐슬과 대한민국' 강연 내용 중 일부분이다.

"요즘 효자 효녀의 기준이 바뀌었는데 혹시 알고 계신가요?"
"새로운 기준이요?"
"네. 바로 '하고 싶은 일이 있는 아이'가 효자 효녀라고 합니다."
"아~ 맞네~!!"

다들 공감의 웃음과 함께 고개를 끄덕였다. 아이들은 이제 눈에 보이는 스펙이 중요하던 시대에서 개인이 가진 스토리가 중요한 시대, 학력보다 개인이 갖고 있는 콘텐츠가 중요한 시대를 살아가게 된다. 때문에 앞으로 아이들이 갖추어야 할 진짜 '경쟁력'이란, 하고 싶은 일을 찾아 몰입하여 성취해내는 그 과정과 결과를 통해서만 손에 넣을 수 있는 것이다.

그러니 자연히 그 시작점이 되는 '하고 싶은 일'을 찾아내는 것은 중요할 수밖에 없다. 정말로 '하고 싶은 일이 있는 아이'야 말로 부모 속을 애타게 만들지 않는 효자 효녀인 시대가 온 것이다. '고맙게도 하고픈 일이 일찍 생겼으니 얼마나 감사한 일인가?' 불현듯 아들이 고맙기만 했다.

아이가 원하는 걸 줘

나는 강연장에서 만난 지인에게 어제오늘 겪은 일과 더불어 복잡한 심경을 토로했다. 내가 마음을 털어놓을 만큼 지훈이를 잘 알고 있는 지인이었기에 그녀 역시 내 이야기에 귀를 기울여 주었다. 이야기를 다 들은 뒤, 그녀는 웃으며 내게 입을 열었다.

"애 바쁜데 그냥 용돈이나 보내주지, 뭐 하러 거기까지 간 거야? 호호, 애들도 그러면 부담스러워해~ 다음부터는 그냥 용돈이나 보내줘. 애들은 그걸 더 좋아한다구."

"그러게… 나도 괜히 갔다 싶어. 바쁜 애 부담스럽게 말이야. 내가 센스가 없었네. 다음부턴 용돈이나 보내줘야겠어."

농담반 진담반 나눈 대화에 웃으며 응대하긴 했지만 내심 무척이나 섭섭했다. 머리로는 이해하면서도 마음으로는 쉽게 받아들여지지 않았던 것이다. 속상하면서도 안타깝고, 또 열심히 자신의 삶을 살아가는 것에 고맙다는 마음이라도 전하고자 아들에게 카톡을 보냈다.

"엄마는 조금 속상하다. 울 아들 생일인데, 뭐가 잘 안 맞아서 정작 생일날 따뜻한 밥 한 끼를 못 해 먹였네…. 너는 어떨지 몰라도 엄마는 마음에 걸린다. 식사를 제대로 못 챙겨 먹는데.

집에서라고 바빠서 특별히 잘 챙겨준 것도 없지만, 암튼 오늘은 날이 날인만큼 속상하고 미안하고 그렇다는 거… 사랑한다 아들 ^^"

"ㅋㅋㅋㅋㅋㅋㅋㅋㅋ 밥은 좀 못 먹으면 어때서. 밥 못 챙겨줬어도 저를 생각해주시는 마음은 다 전해졌으니 아무 상관없습니다. 낳아주셔서 감사드려요."

다음 날 새벽, 나는 아이에게 아래와 같은 말을 덧붙였다.

"아들아, 엄마가 어제 들은 강연 중 인상적인 말. 요즘 효자 효녀는 하고 싶은 게 있는 아이란다~ 그런 의미에서 울 아들은

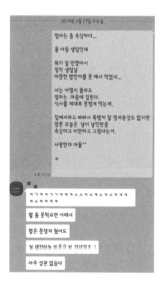

효자더구만? 고맙다."

생일날 깜짝 방문은 그렇게 마무리되었다. 아이의 얼굴을 본 것으로 만족하자며 스스로를 달랬다. 그리고 다짐했다.

'다음 생일에는 아이가 원하는 것을 주리라.'

다행인 것은 몸이 떨어져 있다고 해서 아이 스스로 응원받지 않고 있다거나 사랑받고 있지 않다고 느끼지 않았다. 자신을 믿고 응원하고 사랑해주는 부모님이 있다는 믿음으로 자신이 하고픈 일에 미친 듯이 몰두하고 있었다. 아이는 의젓하게 스스로의 선택을 감당해 나가며, 행복하게 자신이 가고자 하는 길을 착실하게 걸어가고 있었다.

독립 아닌 독립 후 처음 맞게 된 아들의 생일은, 17년 전 아들이 세상에 나오며 육체가 분리된 날에 이어 정신적인 탯줄도 분리된, 역사적인 날로 기억될 것이다.

"말하지 않아도 알아요"

삼남매 중의 맏이였던 나는 애교라고는 1도 없는, 내성적이고 무뚝뚝한 아이였다. 심지어 고집도 센 편이었던 나는 유난히 사랑한다는 말이나 고맙다는 말을 하는 것에 거부감이 컸다. 친구에게는 물론이고 가족에게는 특히 더 그런 말을 하지 못했다. '가족끼리 굳이… 당연한 거 아니야?'라며, 내가 말하지 않아도 내 마음을 알 것이라 생각했던 듯싶다.

이런 내 성격을 쏙 빼닮은 것이 아들 지훈이였다. 본인의 마음을 그림이나 편지로 잘 표현하던 딸 지민이와 달리 지훈이는 어린 시절의 나처럼 고마움이나 미안함을 표현하는 것에 서툴렀다.

'내 피가 어디 가겠어?'

'남자아이니까 더 그런 거겠지.'

'언젠가는 하겠지.'

내 과거를 잘 알고 있었기에 그러려니 하며 지냈다.

초등학생 아이가 준 깨달음

아이가 감정을 표현하는 데에 서툰 것이 성격 문제가 아니라는 사실을 알게 된 것은 한 초등학생 친구를 보게 되면서였다.

당시, 학원에서 가르치던 아이 중 지훈이과 동갑내기인 5학년 남학생이 있었다. 그 아이는 아주 사소한 것에도 '고맙습니다.'라고 했고, 말도 예쁘게 했기에 유난히 눈에 들어왔다. 대부분의 아이들은 수업 중에 간식을 사주어도 이를 당연한 것으로 여기며 고맙다는 말조차 하지 않는다. 그 아이는 달랐다. 늘 '고맙습니다. 잘 먹겠습니다.' 하고 인사했다.

사탕 하나를 받아도 진심을 담아 '감사합니다.'라고 이야기하던 아이, 시험을 앞두고 선생님이 챙겨주는 자료를 귀찮아 하는 아이들과 달리 유일하게 '고맙습니다.'라고 말하던 그 아이를 보며 어찌나 그 사소한 감사 인사들이 예뻐 보이던지! 평소 아이의 부모님을 잘 알고 있던 나는 '아… 정말 그 부모에 그 아들이구나.'라고 생각할 수밖에 없었다. 아이의 부모님들 역시 무척 예의 바르고 배려심이 깊은 분들이었기 때문이다.

그랬다. 표현은 성격의 문제가 아니라 가정교육의 문제였다. 아이는 그저 보고 배운 것을 실천하는 것이다.

유난히 행동이 예쁘거나, 유난히 거슬리는 행동을 하는 아이들을 볼 때면 자연스럽게 '부모님이 어떤 분들일까?' 생각한다. 소름끼치게도 열에 아홉은 '그 부모에 그 아이구나.'라는 말이 절로 나온다. 좋은 쪽이든 나쁜 쪽이든, 아이들은 곧 부모의 거울이라는 말이 틀린 말이 아니었던 것이다.

문득 나는 '지훈이의 서툰 표현들이 자칫 예의 없는 모습으로 보일 수도 있고, 결국 그건 제대로 모범을 보이지 못한 내 탓이겠구나!'라는 생각에 미쳤다. 등골이 서늘해졌다. 평소의 내 행동을 곱씹어 보니 "그럴 땐 이렇게 했어야지."라며 단순히 아이만 혼낼 일이 아니었다. 지훈이는 그저 보았던 대로 행동했을지도 모르는데.

"아… 내가 문제였구나. 애를 뭐라고 할 게 아니었네…"

이후 나는 어색했지만, 의도적으로 가족들에게 고맙다와 사랑한다는 말을 하려고 노력하기 시작했다. 역시나 살아온 시간이 있다 보니 처음에는 너무너무 어색했고 낯간지러웠다. 너무 당연한 말인데 가족들에게는 왜 그리도 잘 안 나오는지!

한 번, 두 번, 세 번… 횟수가 늘어날수록 조금씩 어색함이 사라지고 그 말들이 익숙해지는 것을 느꼈다. 깨달음을 실천으로 옮기는 그 과정은 서툴고 낯설었했지만, 노력을 게을리할 수는 없었다.

어느 날부터인가 고마움을 표현하는 데에 서툴던 지훈이 역시 조금씩 변하는 것을 느낄 수 있었다. 필요한 순간마다 '고맙습니다'라는 말을 놓치지 않고 표현하기 시작했다. 그중에서도 아들이 가장 적극적으로 고마움을 표현한 것은 다름아닌 설거지하기였다.

고등학생이 된 지훈이는 추석 연휴를 맞아 남양주에서 가족과 함께 긴 시간을 보내고 있었다. 입학 이후 한 달에 한두 번이나 볼까 말까 했던 지훈이는 방학에도 집에 오지 않았기 때문에 이날은 특히나 각별했다.

시댁이 군산이라 추석을 보내기위해 시골로 향했다. 평소 2시간 반 정도 걸리는 곳이었지만 명절이면 5시간 정도를 도로 위에서 보내야 했다. 다른 때 같았으면 막히는 교통체증에 짜증이 났겠지만, 오랜만에 가족의 품으로 돌아온 아들과 대화시간을 확보하게 된 듯한 느낌이 들어 오히려 막힌다는 사실이 기쁘기까지 했다.

역시 모든 일은 마음먹기에 달렸다. 짜증 나는 교통체증 덕분에 오붓한 시간을 얻는다고 생각하니 여유가 생겼다. 이 말 저말 오가다 지훈이가 우리를 깜짝 놀라게 했다.

"내가 집에서 생활할 때는 몰랐는데 밖에서 생활해보니까 나한테 얼마나 돈이 많이 들어가는지 체감이 되더라고요. 친구들하고 이야기하다 보니 내가 얼마나 엄마 아빠께 지지를 받으면서 생활하는지도 알겠고요."

실제로 아이에게 들어가는 돈은 학비, 용돈, 생활비, 레슨비, 기타 장비 구입비 등 상당한 금액이었다. 경제적인 부담이 상당했기에 지원을 해주면서도 '아이가 이 길이 내 길이 아니라고 느끼고 돌아올지도 몰라.'라는 걱정도 있었다. 하지만 투자의 관점이 아니라 지지였기에 우리 부부는 '그래도 일단 해보는 것이 맞지.' 하며 능력 닿는 대로 지원해주고 있었다.

그러던 차에 아들 녀석이 부모님의 경제적인 지원을 당연하게 여기지 않고 고마워하는 마음을 보여주었으니…. 우리 부부의 머릿속에는 동시에 '녀석, 철들었네.'라는 생각이 자연스럽게 들었다.

무사히 시댁에 다녀온 뒤, 장시간 운전으로 쏟아지는 잠에 취해 있을 때 갑자기 주방에서 달그락거리는 소리가 들려왔다. 실눈을 뜨고 주방을 보자 지훈이가 설거지를 하고 있었다. '뭐야, 꿈인가? 아니면 아빠가 시킨 건가?' 하는 생각이 들었지만 이내 쏟아지는 잠을 이기지 못하고 그대로 꿈나라로 가버렸다.

다음 날 아침, 눈을 뜨니 남편이 먼저 일어나 있었다.

"자기가 어제 지훈이 설거지하라고 시켰어? 잠결에 보니까 설거지하고 있던데."

"아니, 엄마 피곤한 거 같다고 집에도 자주 못 오니 본인이 설거지하겠다고 하던데?"

생각지 못한 아이의 언행에 "웬일이야~ 정말 철들었네?" 하며 주방으로 향했다. 설거지를 했다고는 하지만 분명 엄마 손이 한 번 더 가야 할 상태일 것이라고 생각했다. 이런 내 짐작은 빗나갔다. 아들은 음식물 쓰레기 정리까지 야무지게 해놓은 것이 아닌가? 기특하고 고마운 마음에 나는 지훈이에게 "아들, 고맙다~"라며 마음을 전했고, 아이 역시 뿌듯한 표정이 얼굴에 스쳐지나갔다. 이날도 아들은 엄마를 살포시 안아주고는 방으로 들어갔고, 그런 아이의 뒷모습을 보며 '표현한다는 게 이렇게 좋은 거구나.' 하는 생각이 절로 들었다.

자존감을 올려주는 말 "고마워"

기억에 남는 드라마 〈동백꽃 필 무렵〉에서 주인공 용식이(강하늘 분)가 동백이(공효진 분)에게 어릴 적 꿈을 묻는 장면이 있다.

어린 시절 엄마로부터 버림받아 남의 눈치만 보며, 낮은 자존감으로 살아온 동백이는 말한다.

"저는 분실물센터에서 일하고 싶었어요. 거기서 일하면 잃어버린 물건을 찾으러 온 사람들에게 '고맙다'라는 말을 들을 수 있잖아요. 용식씨, 저는요. 고맙다는 말을 들으면 제가 막 대단한 사람이 된 것 같아 참 좋더라고요."

과거를 돌이켜 보건대, 내가 아이에게 가장 많이 했던 말은 "잘했어."였다. 잘한다는 말이야말로 아이의 자존감을 높여주며 발전할 수 있는 변화를 일으키는 말이라 굳게 믿었던 것이다.

어리석게도 이는 내 착각이었다. 정말로 내 아이를 바꾸는 말은 "고맙다."였다. 이 사실을 알게 된 나는 왜 이제까지 이 마법의 말을 아끼고 지냈던 것일까 후회했다. 지금은 수시로 아이들에게 "고맙다"라는 말을 전하고 있다. 이전에 못해 준 몫까지 더 해주고 싶은 마음이 있기 때문이다.

누군가는 "겨우 설거지를 가지고. 그게 뭐 별거라고?" 하며 그 의미를 사소한 것이라 여길지도 모른다. 하지만 '아들의 설거지'를 통해 나는 감동했고, 이는 아이의 진심 어린 고마움이 담겨있었기 때문이라는 결론을 얻었다. 분명 아이 나름대로 생각해서 옳긴 행동이었을 것이기 때문이다. 그렇게 우리는 '고맙다'는 표현에서 존재 가치를 찾은 것이다.

"감사의 표현은 유쾌함 등의 긍정적인 감정을 유발하고, 건강에도 도움이 되며, 심리적 어려움을 이겨내거나 끈끈한 유대감을 형성하는 데에도 적잖은 기여를 한다."
– 〈하버드 헬스(Harvard Health)〉지에 실린 긍정 심리학 논문 중에서

사랑한다면, 그리고 고맙다면 지금 즉시 마음을 담아 표현해보자. 긍정적인 감동의 파동이 솜털처럼 간질거리면서도 가슴을 뜨겁게 만들어 주는 변화를 가져다 줄 것이다. 설거지는 어떤가?

"하고픈 거 하고 삽니다!"

평범한 두 아이의 엄마인 내가 처음 책을 써야겠다고 마음을 먹게 된 계기는 나의 1호, 아들 지훈이 때문이었다. 아들과 겪은 시간을 기록으로 남기고 싶다는 마음이 지극히 평범한 내가 글을 쓰도록 만들었다. 짧지만 강렬하게 내 삶을 관통한 그 시간이, 그 경험이, 누군가에게는 작게나마 도움이 될 수 있지 않을까? 하는 생각을 하면서 말이다.

아이도 나도 처음 겪었던 사춘기라는 터널을 돌아보면, 그 시간이 엄마와 아이가 서로를 이해하기 위해 힘껏 노력했던 성장통과도 같은 과정이었다는 것이 이제는 선명하게 보인다. 작은 실수인 번 서리감을 느끼게 하고, 그 거리로 인해 느껴지는 감정들은 모든 것이 틀어져 버린 것 같은 괴로운 시간을 살게 했다. 관계의 틀어짐 속에서 나는 온 힘을 다해 애썼기에, 그 노력 대한 이 기록들이 누군가에는 조언이 될 수 있으리라 믿으며 펜을 다잡는다.

당시의 시간을 하나하나 꺼내 보다 보니, 그때는 미처 보지 못하고 느끼지 못했던 감정들이 새롭게 떠오름을 실감하고 있다. 무엇보다 나의 2호, 딸 지민이에 대한 감정들이 그렇다. 혼돈의 소용돌이를 걷고 있다고 생각했던 그 시절, 엄마인 나는 분명 최선을 다해 챙긴다고 했지만, 딸아이는 늘 자신이 엄마의 우선순위에서 밀려나 있다는 것을 느끼고 있었을 것이다.

엄마로서 맞이하는 두 번째 중2. 지민이는 오빠가 보여주었던 혼돈의 시간과는 사뭇 다른 사춘기를 엄마에게 보여주고 있다. '얘가 정말 중2가 맞나?' 싶을 정도로 딸아이는 잘 웃고 애교도 많은, 엄마 껌딱지다. 심지어 엄마가 잔소리 하나 할 필요 없이 알아서 척척 제 할 일을 챙기는 지민이. 이 얼마나 감사한 일인지! 물론 이는 지훈이와 함께 성장통을 겪으면서 아이를 바라보는 시선이 확 바뀌어버린, 달라진 나 자신 때문인지도 모른다.

'억지로 해서 되는 것은 없다.'라는 사실을 깨달은 뒤 내가 신경 쓰기 시작한 건 단 한 가지였다. 그건 바로 '엄마 스스로가 좋은 어른이 되도록 노력하자. 그리고 주변에 좋은 어른들이 많다는 것을 아이들에게 알려주자.'라는 것이었다. 때문에 나는 가능하면 나 자신이 좋은 어른으로서 건강한 인간관계를 형성하고, 이런 모습을 아이들에게 보여주고자 노력했다.

아이는 제 스스로 자란다

평소 교육에 관심이 많았던 내가 자연스럽게 연을 맺게 된 곳이 바로 '교육과 사람들 연구소'였다. 학교에서 학부모 임원을 오랫동안 맡아왔던 나는 자연스럽게 현재의 교육에 관심이 많고, 교육의 변화에도 관심이 많다. 그리고 그 변화는 가정과 학교로부터 시작되어야 한다고 생각하며 가능한 변화의 방법들을 실천해 오고 있었다. 당연하게도 나는 교육과 관련된 교류의 장을 찾게 되었고 그렇게 만나게 된 곳이 '교육과 사람들 연구소'였던 것이다.

이곳은 좀 더 나은 미래 교육을 위해 고민하는 각 분야의 사람들(학부모, 교사, 지역사회 활동가 등)이 모여 있는, 플랫폼 형태를 갖춘 비영리 법인인데, 그야말로 나와 딱 맞아떨어지는 모임이 있띠. 비슷한 생각을 가신 좋은 부모들과 좋은 교사가 되고자 하는 사람들을 만나며 나는 그들이 내뿜는 유쾌한 기운에 매료되어 가끔 아이를 데리고 그곳을 함께 방문하곤 했다.

한 해를 마무리 하는 12월 어느 날, 연구소의 송년회 날이었다. 쉴 새 없이 웃고 떠들며, 자연스럽게 '진짜 어른들'과 대화할 수 있는 시간을 갖게 된 지민이는 진심으로 그 시간을 즐거워하는 게 보였다.

어느덧 송년회는 무르익어 행사 순서 중 포함되어 있던 '자기 자랑하기' 시간이 되었다. 이 이벤트를 제안한 사람은 다름 아닌 나였는데, 여기에는 '현재의 나를 최대한 대놓고 자랑할 수 있게끔 멍석을 깔아주자.'라는 목적이 들어 있었다.

1등 상금이 무려 20만 원이었기에 사람들의 호응과 참여율은 무척 좋았다. '자기 자랑하기'는 참가자가 다음 참가자를 지목하는 형식으로 이루어졌는데, 한 참가자가 다음 사람으로 지민이를 지목했던 것이다.

생각지도 못한 지목에 지민이는 '나?' 하고 스스로를 가리키며 엄마인 나를 쳐다보았다. 이벤트의 기획자로서 사회를 맡고 있던 나는 그런 딸아이를 보며 고개를 끄덕여 주었고, 지민이는 잠시 망설이는가 싶더니 성큼성큼 앞으로 걸어 나왔다.

"안녕하세요? 저는 유지민이고요. 지금 14살 중1입니다. 저의 자랑 거리는 '저는 지금 하고 싶은 것을 하고 산다'는 것입니다."

내심 딸아이가 어떤 자랑을 하려나 궁금해하던 나는 지민이의 당찬 시작 멘트에 깜짝 놀랐을 뿐만 아니라 "오~!" 하며 모인 사람들의 뜨거운 반응을 이끌어냈다. 지민이의 당돌한 멘트는 다음 이어질 말을 기대하게 했고 귀 기울이게 했다.

"저는 악기 연주를 좋아하고 음악을 좋아합니다. 그동안 피아노, 바이올린, 색소폰 등을 연주해 보았고 지금은 기타를 연주하는데 흥미가 있습니다. 또 시간이 날 때는 그림을 그립니다. 저는 이런 활동들이 즐겁습니다."

짧고 굵게 '자랑하기'를 마친 지민이는 열광적인 반응과 박수를 받으며 자리로 돌아갔다. 자리로 돌아가 앉은 지민이를 보니 표정이 상기되어 있었다. 평소 본인의 생각을 가감 없이 말한 것뿐인데 이런 열띤 반응을 받으니 얼떨떨한 듯했다.

그런 지민이를 보니 아이의 자존감이 크게 올라갔다는 것을 읽을 수 있었다. 그렇게 화기애애한 송년회를 마치고 집으로 돌아오는 길에 딸아이가 내게 해준 말은 다시 한번 엄마의 가슴을 찡하게 만들었다.

"엄마 사실 아빠 자랑하기 중에 할까 말까 고민하다 안 한 게 있어."

"그래? 그게 뭐였는데?"

"그건 있지… '우리 엄마가 내 자랑'이라는 거였어."

"진짜? 그랬구나. 그냥 말하지~. 늘 부족한 엄마인데 그렇게 생각해 주니 고맙다. 엄마가 더 열심히 살아야겠네."

짧은 대화 끝에 내가 느끼게 된 감정은 고마움과 미안함, 그리고 부끄러움이었다. 무엇보다 놀란 것은 생각지도 못한 아이의 진심이었다. 딸아이의 말은 결코 잘 보이고자 하는 마음으로 지어낸 것이 아니었기 때문이다. 진정 마음 깊숙한 곳에서 우러 나온 말이었기에 나 역시 그 묘하고도 깊은 감정을 고스란히 느낄 수 있었다.

첫째를 키울 때는 어떻게든 잘 키우려고 쥐어짜며 노력했다. 이는 정확히 말해 엄마가 원하는 방향으로 키우기 위한 노력이었다. 얼마 간은 내가 의도하는 방향대로 아이를 잘 키우고 있다고 착각했다. 이 착각은 결국 갈등의 정점을 찍게 했고, 눈물 콧

물을 쏙 빼며 반성의 시간을 경험한 뒤에야 가장 중요한 것을 깨달을 수 있었다. 아이의 성장은, '엄마가 원하는 방향이 아니라 아이가 원하는 방향으로 가는 것이 맞다'는 사실을 말이다.

글로는 아무리 보아도 눈에 들어오지 않던 전문가들의 조언을 직접 겪어보고서야 완벽하게 이해할 수 있었다. 머리에서 가슴까지의 거리가 그렇게 멀다는 것을 깨달았던 것이다. '배움의 끝은 실제로 경험해보기'라고 했던가. 그렇게 한 번 심하게 데이고 나서 둘째의 차례가 오자 조금 내성이 생겼달까 조바심을 내려놓고, 마음의 여유를 가지고 지켜볼 수 있게 된 것이다.

참 아이러니한 일이다. 잘 키우려고 애를 쓰고 이끌어주려 했던 시간은 아이와의 갈등만을 키운 반면, 하고 싶은 것을 스스로 선택하게 내버려 두었던 시간은 아이가 스스로 알아서 잘 자랄 수 있는 바탕을 만들어 주었다. 엄마가 억지로 애쓰지 않는 것이 아이를 잘 키우는 해답이었다니!

방임과 허용의 차이

누군가는 '아니, 그럼 그냥 아이가 하고 싶어 하는 대로 내버려 두라는 거야?'라고 물을지도 모른다. 나의 답은 우선은

'그렇다'이다. 하지만 여기서 주의해야 할 점이 있다. 그건 바로 '그냥 알아서 하고 싶은 대로 하라'라는 방임과 '아이가 하고자 하는 것의 범위'를 넓혀주는 허용의 차이를 확실하게 해야 한다는 것이다.

간혹 자녀들과 부딪히고 싶지 않다는 이유로, 양육자로서 권위를 갖고 반드시 가르쳐야 할 훈육을 포기하고 방임을 선택하는 부모들이 있다. 이는 사회에 큰 문제를 야기할 싹을 키우는 일이 될 뿐이다. 즉, 아이를 포기하는 행위가 되는 것이다.

부모는 끝까지 부모다. 이를 잊어서는 안 된다. 부모는 어떤 경우에서든 아이를 포기해서는 안 된다. 아이를 세상에 나오게 한 사람으로서 아이를 책임지는 방법이 무엇인지 확실하게 알아야 한다.

내가 말하고자 하는 것은 자녀를 둘러싼 탄성 좋은 그물을 준비하자는 것이다. 아이가 그물 안에서도 자유롭게 헤엄칠 수 있게끔 허용의 범위를 넓혀주고, 어느 순간 아이가 그물이 없어도 안전하게 살아갈 수 있는 때가 오면 그때 안심하고 그물 밖 사회로 내보내 주자는 것이다.

코로나 사태로 인해 집콕의 시간이 늘어만 가는 요즘, 지민이가 빠져 있는 것은 그림 그리기다. 오늘도 '하고 싶은 것'을 찾아서 하는 딸아이를 보며 느낀다. 누가 시킨 것도 아니건만, 아이는 스스로 몇 달 전에 자신이 그린 그림과 최근의 그림을 비교해보며 그 안에서 변화를 찾아보고 있다.

비전문가인 엄마가 보기에는 둘 다 잘 그린 것 같은데, 아이는 그렇지 않은 모양이다. 미세하게 터치가 다르다며 아쉬움을 표하는 것을 보면 말이다. 지민이는 마음에 드는 그림이 나오면 인스타에 업로드하기도 하는 등 스스로 하고 싶은 일을 보완하고 선보이며 성장해나가고 있다.

나는 잔소리 하고 싶은 입을 잘 틀어막고 스스로를 뒤돌아보면서 잘하고 있다고 칭찬을 건넨다. 까짓거 넷플릭스로 드라마 몇 편 정도 정주행하면 어떤가? 보라는 책은 안 보고 영화만 주야장천 보면 또 어떤가? 이 모든 시간 또한 아이가 하고 싶은 것을 하며 스스로 성장하는 시간이 될 것이라 믿고 있다.

이렇듯 딸 지민이는 오늘도 하고픈 것을 다 하며 건강하게 잘 커가고 있다.

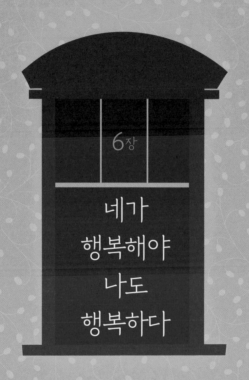

6장

네가
행복해야
나도
행복하다

네가 행복해야 나도 행복하다

"꿈이 우선? 생계가 우선?"

예술가(아티스트)란 예술창조에 종사하는 사람을 칭한다. 만일 내 아들이 기타를 연주하는 '아티스트'의 길을 걷겠다고 선언하지 않았다면, 여전히 '예술이란 배고픈 직업=하면 안 되는 것'이라는 고루한 생각을 가진 채 살아가고 있었을 것이다. 그러나 내 아이를 지켜본 지금은 안다. 아티스트란 이름은 고도의 창의적인 능력과 고된 훈련을 이겨낸 사람만이 가질 수 있는 이름이라는 사실을 말이다.

얼마 전, 우연히 유튜브 영상 하나를 보게 되었다. 추억의 가수를 소환해 그 시절의 노래를 들어보는 프로그램인 〈슈가맨〉에 한때 과세를 울고 왔던, 그리고 그 여파로 현재 누구보다 바쁜 나날을 보내고 있는 가수 양준일의 지난해 팬미팅 영상이었다. 예술고에 다니는 아들을 둔 엄마로서 당연히 관심이 갈 수밖에 없었다.

질문을 건넨 스물한 살의 학생은 자신이 춤추기를 사랑하여 유명안무가이자 댄서가 될 날을 꿈꾸며 달려가는 중이라고 했다. 그런데 중고등학생 때만 하더라도 본인이 춤추는 것을 좋아하던 부모님이 지금은 '예술 쪽은 배가 고프니 다른 일을 찾아보는 게 어떻겠냐?'라고 권하신단다. 그러다 보니 확고했던 자신의 꿈이 흔들리고, 덩달아 걱정도 많아졌다는 것이 질문의 내용이었다. 정말이지 진지하게 본인의 진로를 두고 고민하는, 혼란스러움과 당황스러움이 느껴지는 질문이었다. 그는 양준일 씨에게 당신 역시 20대 때 자신과 같은 고민을 했는지 물었다.

"부모가 아이를 볼 때, 부모가 아무것도 안 보이면 아이는 아무것도 될 수 없어요"

인상 깊은 시작이었다. 내 귀에는 '아이는 믿는 만큼 자랍니다.'의 예술적인 표현으로 들렸던 것이다.

"부모로서 아이가 가지고 있는 사소한 가능성이나 아티스트적인 센스를 발견하고, 그것에 물을 주면 아이는 성장할 수 있습니다. 하지만 반대로 부모가 어떠한 센스도 발견하는 눈이 없다면 당연히 그 아이는 어떤 것도 될 수 없을 것입니다."

부모는 자녀를 면밀히 관찰해야 한다는 이야기를 하고 있었다. 즉, 아이에게서 보이는 재능에 제대로 물을 뿌려줄 줄 아는 것이야말로 부모가 자녀에게 해주어야 할 중요한 역할이라는 메시지를 던지고 있었던 것이다.

그는 이에 그치지 않고 아티스트의 길을 계속 가는 것이 맞을지 혼란스러워하는 질문자에게 "스스로를 바라보고 예술적 관심사(좋아하는 춤) 외에 다른 게 보이는지 확인해보라."라고 조언했다. 내가 이것을 하면서도 너무 행복한 그 자체라면 아무리 배가 고파도, 돈과 연결이 되지 않더라도 그것을 하는 게 맞다는 이야기였다.

아마도 질문한 학생은 스스로에게 '이 일이 내가 미치도록 하고 싶은 일인가?'라는 질문을 던지고, 진지하게 내면의 목소리에 귀 기울이는 시간을 가졌으리라. 그가 부디 최선의 결론을 내렸기를 바라며 응원한다.

영상을 다 본 뒤에 내게는 큰 여운이 남았다. 아마 비슷한 고민 속에서 헤매던 경험을 가진 내게는 그의 말이 더욱 특별하게 다가왔기 때문이다.

'그래, 미치게 하고 싶다면 직접 경험해 보아라. 설령 그것이 배고프고 불확실한(엄마인 나는 이해할 수 없는) 예술가의 길이라고 하더라도 말이다. 설사 가던 중간에 이 길이 아닌 것 같다며 다른 길을 가게 될지라도, 막연한 짐작만으로 포기하는 것과 직접 해본 뒤에 내려놓는 것은 큰 차이가 있으니까.'

지는 게임을 이기는 게임으로

이제는 성공과 안정을 보장하는 과거의 직업들이 점점 사라져가고 있다. 한 가지 직업으로 사는 게 아니라 N잡러, 사이드잡 등의 단어를 흔하게 볼 수 있다. 더 이상 우리가 '과거의 기준'으로 아이들을 키우면 안 된다는 것을 대변하고 있다.

앞으로의 시대는 지식이 아닌 스스로 지식을 창출하며 나만의 콘텐츠를 쌓아가는 것이 경쟁력이 되는 시대다. 지금 이 순간에도 놀라운 속도로 새로운 직업들이 탄생하고 있다.

무엇보다 인류는 현재 코로나19를 겪으면서 실로 혁명적이라 해도 과언이 아닌 변화를 경험 중이다. 우리는 앞으로 살아가야 할 날이 과거보다 길어졌고, 미래에 대한 진로 고민은 더 이상 청년들만의 문제가 아니다. 어른들 역시 길어진 수명만큼 진로에 대해 고민하는 시대가 된 것이다.

아이들은 앞으로 '돈을 얼마나 벌 수 있지?', '어떤 보장을 받을 수 있지?', '얼마나 폼이 나지?'와 같은 질문이 아니라 '이 일이 진짜 내가 미치게 하고 싶은 일인가?', '나를 정말 몰입하게 만드는 일인가?'와 같은 질문에 스스로 답할 수 있어야 한다. 부모는 또 자신의 아이와 변화하는 사회를 잘 관찰해서 엉뚱한 곳에 에너지를 쓰지 않길 바란다.

"무조건 서울로 가야해"

"엄마, 나는 무조건 서울로 가야 해. 안 그러면 답이 없어."

동네에서 유일하게 기타를 메고 돌아다니던 아이, 내 아들 지훈이의 유일한 목표는 본인이 원하는 학교에 진학하는 것이었다. 엄마인 나는 "그냥 근처 일반고에 진학해서 대학을 그쪽으로 잡는 건 어때?" 또는 "음악 교사가 되는 건 어때?"라며 은근슬쩍 개인적인 기대감을 끼워 넣어 보았지만, 아들의 의지는 확고했다. 잠시 고민하는 시간을 갖긴 했지만 무슨 일이 있어도 서울로 가야겠다는 것이었다. 꺾이지 않는 아이의 확고함에 진로에 대한 반대를 접고 아이의 선택을 지지해주는 엄마로 거듭나야 했다.

솔직히 내 입장에서는 아이의 선택이 말도 안 되는, 불확실한 상황에 뛰어드는 일이라는 생각이 들었기에 이를 지지한다는 것이 쉽지 않았다. 나의 이런 선입견은 결과적으로 혹독한 마음공부를 하게 된 근본적인 원인이 되었다. 지훈이가 서울에 있는 학교로 진학하고 싶은 이유는 단순명료했다. 같이 음악하는 친구들을 직접 만나고 싶다는 것이었다.

엄마 아빠라는 울타리를 벗어난 입학 첫날, 아이는 전날 밤 설레는 마음 때문에 잠도 제대로 자지 못했다. 할머니 댁이 있는 신림역에서 지하철을 기다리던 그 짧은 시간 동안 아이는 마치 영화 같은 한순간을 경험했다고 고백했다.

튀어도 너무 튀는 노란 교복을 입고, 등에는 기타를 멘 채 전철을 기다리던 자신의 모습이 마치 주변 모든 것이 흑백인 세상에서 혼자만 색을 내는 것 같은 느낌을 받았다는 것이다. 주위 모든 사람이 자기를 쳐다보는 듯한 그 느낌 또한 싫지 않았다고도 했다.

지훈이의 이런 고백을 통해 지금 아이가 겪고 있는 이 상황이 본인 스스로의 힘으로 만든, 또 만들어갈 미래라는 점에서 아이의 자존감을 한껏 올려주고 있음을 느낄 수 있었다.

아이가 진학을 희망한 학교는 공연예술 전문가를 꿈꾸는 아이들이 모이는, 아티스트 유망주들의 집합소로 알려진 곳이었다. 지훈이는 바라던 대로 공통의 관심사로 똘똘 뭉친 아이들이 모이는 곳에 스스로를 들여놓은 것이다.

실용음악과는 보컬과 악기(일렉기타, 베이스 기타, 건반악기, 드럼 등)를 전공하는 과로, 노래 좀 한다는 아이, 악기 좀 다룰 줄 안다는 아이들이 전국에서 모여드는 곳이었다. 제주도는 물론 전국 각지에서 대중 예술인으로서의 꿈을 꾸며 모인 아이들이다 보니 다들 자발성과 의지가 높고 엄청난 자존감을 자랑했다. 이곳에 입학한 아이들은 '부모가 시켜서' 혹은 '그냥 사회적 시간표에 따라서'와 같이 뚜렷한 목표 없이 입학한 아이들은 단 한 명도 없다는 것이다.

행복한 영상 하나

설렘과 기대로 아이가 고등학교에 입학한 지 얼마 되지 않아 궁금한 것이 많았다. 어느 날, 이런 엄마의 마음이 텔레파시로 통한 걸까? 마침 아들로부터 반가운 카톡이 도착했다. '쉬는 시간'이라는 짧은 멘트가 달린 짤막한 영상(https://m.blog.naver.com/

k78102/221485951151)이었다. 이게 뭔가 하며 영상을 연 순간 내 입에서 "대박!" 하고 외쳤다. 정말 그 말밖에는 나오지 않았다.

아이가 보낸 영상 속에는 약 서른 명 남짓한 노란 교복의 아이들이 책상에 걸터앉거나 곳곳에 옹기종기 모여 떼창을 하고 있었다. 놀라운 것은 모든 아이들의 표정 하나하나에서 진한 행복감이 읽혔다는 것이다.

'세상에, 이렇게 행복한 17살 고등학생들의 모습이라니…'

영상을 보고 있자니 나까지 덩달아 행복했다. 영상 속에서 함께 목소리를 모아 노래를 부르고 있는 아이들보다 더 행복한 사람은 세상에 없을 것만 같았다. 아이들은 자연스럽게 화음을 모아 한 곡을 마치면 바로 다음 곡으로 넘어가는 식으로 노래를 이어 부르고 있었고, 그 중앙에서 진지하게 기타를 치고 있는 아들 지훈이를 볼 수 있었다.

코드를 잡느라 표정은 진지했지만 그 안에 어떤 마음이 들어 있을지 짐작이 갔다. 그토록 만나고 싶어 하던 '같은 관심사를 가진 아이들'과 함께, 하고 싶던 합주를 하고 있으니 그 행복감은 이루 믿고 더 표현할 수 없었으리라. 그렇게 아이는 꿈꾸던 목표를 이루고 그 순간을 만끽하고 있었다.

2주 후 지훈이가 집으로 돌아왔을 때 나는 해당 영상의 비하인드 스토리를 들을 수 있었다. 쉬는 시간, 지훈이가 기타를 들고 연주하니 아이들이 하나둘 모여들면서 자연스럽게 노래를 부르게 되었고, 옆 반 아이들까지 모이게 되면서 그런 영화 같은 장면이 연출되었다는 것이다. 아이들은 영상 속 노래 말고도 몇 곡을 더 부른 뒤에 각자의 자리로 흩어졌다고 한다.

몇몇 친구들에 의해 촬영된 영상은 각자의 SNS를 타고 돌아다니며 '#완전행복ㅜㅜ', '#흔한예고의쉬는시간' 등의 멘트와 함께 보는 사람들까지 행복하게 만드는 명장면을 만들어낸 것이다. 이 영상을 본 이후로도 이어지는 아이의 학교생활을 보게 되면서 좁은 세상에서 살아가던 내 생각의 틀을 많이 깰 수 있었다.

시대가 바뀌었다. 이 글을 쓰고 있는 지금 이 순간에도 시대는 바뀌고 있다. 과거의 나는 이런 흐름과 변화는 외면한 채, 고루한 옛날 사람처럼 예대는 '노는 아이들'이 모이는 곳일 거라는 편견으로 아이의 진학을 반대했다.

다른 아이들은 많아야 한두 개 하는 실기시험에서, 무려 7개나 되는 협업을 해내는 일이 얼마나 힘들었을까? 지훈이는 다른 친구들에게 폐가 되지 않기 위해 밤을 새며 연습했고, 그런 모습을 통해 아이가 '스스로의 선택에 책임지는 과정에서 성장하는 모습'을 엿볼 수 있었다. 그야말로 아이의 선택이 옳았고 엄마인 나의 생각이 짧았음을 다시 한번 인정할 수밖에 없는 순간들이었다.

가보지 못한 길에 대한 아쉬움

누구든 지금까지 살아오면서 가보지 못한 길에 대한 아쉬움이 있을 것이다. 나 또한 '만약 내가 대학교 때 부모님의 반대를 무릅쓰고 우겨서라도 해외로 나갔다면, 지금의 내 삶은 많이 달라져 있을까?' 생각하고는 한다.

당시는 그런 내 마음이 이기적인 선택이라 생각하며 유학에 대한 마음을 접었다. 이후로도 해외학교에 대한 팸플릿을 볼 때마다 그저 보는 것으로 그치곤 했다. 다른 누구도 아닌 내 인생이었는데…. 나는 내 인생을 너무 소극적으로 대했던 것이다.

이제와 생각해 보면 '경제적인 어려움이야 스스로 어떻게든 해결하면 되는 건데.' 하는 마음이 든다. 그러나 나는 용기를 내기 못했고, 현재에 안주하는 삶을 택했다. 용기를 내기에는 가보지 못한 길에 대한 두려움이 너무 컸기 때문이다.

나는 그렇게 같은 열망으로 계획만 세울 뿐, 실행하지 못하고 평범한 학생으로 대학을 졸업했다. 그리고 엄마가 되어 엄마로서의 삶을 살아왔다. 그러나 여전히 내 마음속 한구석에는 그때 용기를 내지 못한 나 자신이 아쉬움으로 남아 있다.

얼마 전, 글을 쓰다 말고 마침 옆에 있던 지훈이에게 물었다.

"엄마가 갑자기 궁금해졌는데, 왜 그때(중2 때) 갑자기 기타를 선택한 거야?"

"그냥… 그때는 엄마가 공부하라고 하는 말이 듣기 싫기도 했고 음악이 더 좋아서. 그래서 내 의지로 선택하는 무언가를 하고 싶었어. 그래서 솔직히 도피처로 기타를 한다고 했지. 내 말

중2 말, 기말고사 시험지 뒷면에 그려놓은 기타 그림.
머릿속에 온통 기타로 가득 찼던 모양이다.

과 선택에 책임지고 뭔가를 보여줘야겠다 싶어서 이 악물고 했
는데… 하다 보니까 실력이 늘고 재미가 있더라고. 그런데 생각
보다 돈이 많이 들어가니까 그건 좀 미안했어."

"그랬구나… 그럼 지금은? 너에게 기타는 어떤 의미야?"
"내 꿈이지. 그때로 돌아간다면 나는 무조건 해."

그랬다. 아들과 나의 차이는 바로 실행했느냐 하지 못했느
냐의 차이였다. 내 아들은 엄마인 나보다 나은 녀석이다. 성공의
여부를 떠나서, 혹시나 갔다가 다시 이 길이 아닌 것 같다며 돌
아올지라도 최소한 후회는 남지 않을 테니까 말이다.

이젠 당신이 꽃 필 무렵

"당신을 응원합니다"

안녕하세요?

제13회 졸업식 축사를 하게 된 운영위원장 김선희입니다.

이렇게 인사드리게 되어 영광입니다. 우선 축하를 위해 오늘 이 자리에 함께해 주신 많은 학부모님들께 감사를 드립니다.

그리고 오늘 행사를 준비하느라 수고하신 교장 선생님, 교감 선생님을 비롯한 모든 선생님께도 다시 한번 감사의 말씀을 드립니다.

축사를 준비하면서, 어떤 말을 하면 좋을까 많은 고민을 했습니다. 또 과연 무엇을 축하해야 하는 것일까에 대해서도 곰곰이 생각해 보았습니다.

아마 우리 학생들 중에는 '남들 다 하는 대로 밥 먹고 학교만 다니면, 졸업은 당연히 하는 거 아니야?' 하고 생각하는 친구도 있을 겁니다.

그런데요, 여러분. 과연 그게 당연한 일일까요? 그렇지 않습니다. 3년이라는 짧지 않은 시간 동안 낙오되지 않고 포기하지 않으며, 사고나 병으로 학업을 중단하지 않고 건강하게 이 자리에 함께 있다는 것은 결코 당연한 일이 아니더군요.

저는 하루하루를 성실하게, 묵묵하게 살아낸 우리 학생들의 존재 자체가 '기적'이라는 생각을 했습니다. 스스로 기적이 된 우리 학생들에게 진심으로 축하의 박수를 보냅니다!

지금 이 자리에 함께 한 학생들 중에는 누구보다 지난 3년이라는 시간을 열심히 보냈다고 자부하는 학생들도 있을 것이고, 조금 더 열심히 생활할 걸 하며 아쉬움을 가지는 학생들도 있을 것입니다.

하지만 중요한 건 중학교 졸업과 동시에 여러분은 인생이라는 게임에서 다음 단계로 들어가는 미션을 통과했다는 것이고, 인생의 경험치를 쌓아 새로운 것에 도전할 아이템을 얻게 되었다는 사실입니다.

여러분은 자신의 인생에서 한 단계 '미션 클리어'라는 대단

한 일을 해낸 것입니다. 이 또한 축하할 일입니다. 여러분 스스로에게 아낌없는 박수를 쳐주세요.

우리 학생들은 모두 각자가 선택한 고등학교 생활을 준비하며 나름대로의 과정을 거치고 있을 것입니다. 당연히 고등학교에 가서 하게 될 공부에 대한 준비를 최우선으로, 졸업과 입학 사이를 걸어가고 있을 거라 생각합니다.

물론 이 시간은 매우 중요합니다. 정말로 열심히, 치열하게 나의 지성을 채우고 성실하게 무언가를 수행해나가는 태도를 배우는 것은 당연히 소홀할 수 없는 일이니까요.

하지만 우리 학생들이 누구보다 앞서 나가기 위해서는 공부 못지않게 중요한 것이 있습니다. 그건 바로 '나는 누구이고, 또 무엇을 하고 싶은가.'에 대한 고민입니다.

학부모님들도 또한 '내 아이는 무엇을 잘하고, 무엇을 좋아하는가.'에 대한 관찰을 하셔야 합니다. 내가 어떤 사람인지 알고, 하고 싶은 것을 하게 된다면 정말로 앞서 나갈 수 있습니다.

요즘에는 효자효녀의 기준이 바뀌었다고 하는데요. 그게 바로 '하고 싶은 것을 일찍 발견하는 것'이라고 합니다.

공감하시나요? 우리 학생들 모두가 그런 의미의 효자효녀가 되기를 바라봅니다.

내가 하고 싶은 것을 발견하고 그것을 잘하게 되는 순간, 여러분은 남들과 차별화된 경쟁력을 가지게 될 것입니다.

내가 가진 콘텐츠가 학벌보다 중요하게 여겨지는 시대가 왔습니다. 지금도 세상은 정말 빠르게 변화하고 있기 때문입니다.

부모님이 살아온 시대와 우리 학생들이 살아갈 미래는 다릅니다. 그리고 미래에는 더 많은 것들이 바뀌어 있을 것입니다. 그 변화는 이전까지 듣도 보도 못한 직업들이 생겨나게 할 것입니다. 그러니 남들의 기준을 쫓아가지 말고 여러분만의 기준을 세워 앞으로 나아가기를 바랍니다.

또한 그러기 위해 변해가는 세상의 흐름에도 꾸준히 관심을 두기 바랍니다. 그리고 내가 하고 싶은 것이 미래사회에서는 어떤 의미를 가지게 될지도 생각해보기 바랍니다. 기계가 대체할 수 있는 일들이 많아졌기 때문입니다.

꿈을 꾸고 그 꿈을 구체화할 수 있는 방법을 고민해보세요. 여러분 스스로가 꿈과 닮아간다면, 그 누구와도 비교할 수 없는 '나다운 나'로 성장하게 될 것입니다.

마지막으로 작년에 큰 사랑을 받은 드라마 〈동백꽃 필 무렵〉의 엔딩 자막으로 축사를 마무리하겠습니다.

"인생의 그 숱하고 얄궂은 고비들을 넘어 매일 '나의 기적'을 쓰고 있는 장한 당신을 응원합니다. 이젠 당신이 꽃 필 무렵."

진심으로 축하와 응원의 박수를 보냅니다. 감사합니다.

"사회적 자본을 쌓는 중이야"

'본캐'와 '부캐'에 대해 들어본 적이 있는가? 이 단어들은 게임용어로, 본캐는 '본래 캐릭터'의 줄임말이고, 부캐는 '본래 사용하는 캐릭터 외 부가적으로 사용하는 캐릭터'를 뜻한다.

게임용어이기는 하지만, 이는 우리 실생활과도 무관하지 않다고 볼 수 있다. 사회가 복잡해지고 다양한 역할을 맡게 되는 현대사회에서, 본캐 하나만을 가지고 삶을 살아가는 사람은 거의 없기 때문이다.

사람은 소속되어 있는 곳이 달라지면 역할 역시 바뀐다. 아마 가만히 생각해 보면 스스로도 인식하지 못하는 사이 몇 개의 부캐를 가지고 생활하고 있는 스스로를 발견할 수 있을 것이다.

나 역시 종종 나의 부캐들이야 말로 내 삶의 흔적들을 잘 보여주는 모습들이 아닐까 하는 생각이 들고는 한다.

그런 내가 가진 여러 부캐들 중 하나는 바로 '아이가 다니는 학교의 임원'이다.

사실 옛날의 나는 '내 아이만 잘 키우면 되지.'라는 생각을 하는 소심한 엄마였다. 고백컨대, 나는 남의 일에 크게 관심도 없었거니와 오히려 오지랖을 부리는 사람들을 이상한 눈으로 보던 사람에 가까웠다. 그러나 작은 깨달음을 시작으로 나는 지난 10년 동안 내 아이와 이웃, 그리고 이웃의 아이, 또 내 아이와 이웃의 아이들이 속한 작은 사회인 학교, 더 나아가 학교를 포함한 큰 사회를 관찰하는 시간을 갖게 되면서 새로운 사실을 깨달을 수 있었다.

> "내 아이만 잘 키우려는 마음만 가지고는 내 아이가 안전할 수 없겠구나. 이웃의 아이들이 함께 잘 커야 내 아이도 안전하겠구나."

그 후로 내 아이와 주변의 아이들, 그리고 그 아이들을 둘러싼 이웃의 어른들과 소통하기 위해 노력했다. 함께 스터디나 자원봉사를 하고, 또는 단체를 만드는 등 활발히 그들과 교류하는 삶을 살았다. 문제에 대한 답을 찾는 방법은 같은 고민을 갖고 있는 사람들을 만나 해결책을 찾는 것임을 몸소 체험했기 때문이다. 이러한 교류와 협동이야말로 내 아이를 보호하고 모두의 아이들을 훌륭한 사회 구성원으로 키울 수 있는 길이라고 여기게 되었다.

한 사람이 세상에서 일어나는 모든 일에 관심을 갖고 반응한다는 것은 불가능한 일이다. 그러나 최소한 나를 둘러싼 일에는 소홀하지 않았으면 좋겠다. 권하건대, 부디 당신과 당신의 아이 주변에서 일어나는 문제만큼은 절대 방관하지 않기를 바란다. '그냥 눈 한 번만 딱 감으면', '모르는 척 잠깐 고개만 돌리면' 모든 것이 편하게 넘어간다는 이유로 주변의 일들을 외면한다면 언젠가 그 문제는 돌고 돌아 내 아이의 일이 되어 돌아올 수도 있기 때문이다. 심한 경우 되로 주고 말로 돌아오는 피해도 적지 않게 보아왔다. 한 가지 짧은 예를 들어보겠다.

큰아이가 6학년 때의 일이다. 아이의 옆 반에는 학생들에게 언어폭력을 일삼는 교사가 있었다. 당시는 내 아이의 반을 맡은 교사가 아니라는 이유로 이 일을 외면했다. 나뿐만 아니라 해당 교사의 반 엄마들 역시 '혹시라도 내 아이가 그 교사에게 찍히면 어떡하지!' 하는 걱정 때문에 정식으로 문제제기를 하지 못했다.

해당 교사의 폭언에 울분을 토하며 분개하는 엄마들은 많았지만 누구도 행동에 나서지 못한 채 지켜보기만 했다. 그저 단톡방에서 불만을 나누는 수준으로 그쳤다.

다음 해, 나는 우연히 지인의 아이가 담임교사의 폭언 때문에 힘들어한다는 이야기를 듣게 되었다. 지인의 이야기를 들어보니 바로 같은 교사였다. 그는 더 어린 학생들의 반을 맡고서도 변함없이 폭언을 이어가고 있었다.

나는 담임교사의 언어폭력 때문에 힘든 시간을 보내는 꼬마 친구를 보며 든 생각이 있었다. 내가 직접 나서기가 애매했더라도 '그때 적극적으로 그 선생님의 문제에 대해 언급하고 적절하게 대응해야 했었구나….'

그리고 1년이 지나서야 문제제기를 하게 되었다. 이 일을 계기로 나는 결심했다. '잘못된 일이라고 생각된다면 눈 감거나 물러서지 말고 그 일을 고치기 위해 최선을 다해 보아야겠다.'라고 말이다. 만약 내 아이가 그 꼬마 친구였다면 어땠을까? 생각도 하고 싶지 않다. 모든 사고는 '설마 나한테 일어나겠어?'로부터 시작된다는 말도 있지 않던가.

그렇게 나는 모르는 사이 조금씩 주변 일에 관심을 가지며 주위를 살피는 사람이 되어갔고, 오지랖의 크기도 그만큼 더 넓어져 갔다.

지나친 오지랖인지 곤란한 상황에 처한 한 학생의 일을 마치 내 아이의 일처럼 적극적으로 도운 적이 있었다. 적지 않은 시간과 에너지가 필요했던 일이었기에 그런 나를 보던 아들은 잘 이해가 가지 않는다는 듯 말했다.

"엄마, 좋은데… 그 마음은 알겠는데…. 나는 좀 엄마가 과한 것 같기도 해. 내가 직접 연관된 일도 아니고, 엄마가 직접 연관된 일도 아닌데 말이야."

"아, 그렇게 보였구나. 그래, 그럴 수도 있지. 하지만 아들아. 엄마가 지금 이렇게 여력이 될 때 누군가를 돕는 건 멀리 보면 너와 지민이를 위한 일이 된다고 생각해. 무슨 말이냐면, 엄마 아빠가 언제까지 너희를 따라 다니거나 보호해줄 수 없지 않겠어. 그런데 만에 하나라도 너희가 아는 사람 하나 없는 곳에서 어떤 일이 생긴다면 어떨까? 그래서 너희를 보호해 줄 사람이 한 사람도 없다면 얼마나 끔찍할까? 그래서 생각했어. '내가 여력이 될 때 도울 수 있다면 외면하지 말고 돕자. 나눌 수 있을 때 나누자.'라고. 엄마가 그렇게 오지랖을 좀 부리면 엄마로부터 도움받은 사람은 마찬가지로 다른 누군가를 도울 테고, 그러다 보면 놀고 놀아서 너희가 어려움에 처했을 때 그 도움을 받을 수 있지 않을까? 세상은 혼자 살아가는 곳이 아니라 연결된 곳이니까. 그리고 엄마가 얼마 전에 《Give and Take》라는 책에서 봤는데, 되돌려 받을 것을 생각하지 않고 주는 사람이 결국 얻는 거라고 하더라고."

"오…, 뭔가 멋진 말인 거 같은데?"

"너희를 키우려면 돈을 버는 것도 중요하지만 더 중요한 게 있다는 걸 알았거든. 바로 부모인 우리가 잘살아야겠다는 거였어. 엄마가 어디선가 봤는데, '사회적 자본'이라는 말이 참 와닿더라. 살면서 그걸 계속 쌓아가야겠다는 생각이 들었어."

"맞아, 돈이 다는 아니긴 하지. 근데 '사회적 자본'은 뭐야?"

"아… 사회적 자본이 뭐냐면, 사람들 사이에 신뢰나 유대감 같은 눈에 안 보이는 자산을 말하는 거야. 좁게 말하면 인맥 같은 건데…. 그러니까 사람들이 그 사람을 인정해주고 함께 일하고 싶어 하는 마음이라고 하더라. 그리고 이 사회적 자본은 하루아침에 쌓이는 게 아니라 남을 도와주거나 약속을 잘 지키는 것처럼 차근차근 시간을 들이면 차곡차곡 쌓이는 거래. 그렇게 사회적 자본이 쌓이고 넘칠 정도가 되면 너희에게도 좋은 영향이 가지 않을까 생각한 거야. 부모가 노력하는 만큼 너희를 보호해줄 사람이 늘어난다는 뜻이 되니까.

때로는 엄마가 이런저런 활동을 하면서 좀 오지랖 넓어 보이는 게 너희 눈에는 부담스러워 보일 수 있어. 인정해. 하지만 아무 생각 없이 그러는 게 아니라 나름의 뜻이 있어서 하는 일이란 얘기지. 앞으로도 엄마는 오지랖이 좀 넓을 편일 텐데 그것 또한 엄마의 일부니까 인정해주길 바라. 아참, 그리고 보니 엄마가 요즘 새로운 단어 하나를 알았는데 뜻이 재밌더라."

"무슨 단어?"

"오지라퍼. 오지랖+er＝오지라퍼라고 한다더라. 재밌는 말이지? 오지랖 좀 부린다면 좀 부정적인 말로 들리기도 하는데, 여기서는 다른 사람들에게 관심을 두고 적절한 도움을 주는 걸 즐기는 사람? 정도로 사용되는 것 같더라고 딱 엄마를 가리키는 말 같았어. 하하."

아이와의 대화는 그렇게 마무리되었다. 무엇보다 나는 이 대화를 통해 아이에게 '세상은 혼자 살아가는 게 아니라 여러 사람이 연결되어 살아가는 곳'이라는 걸 말해주고 싶었다. 그러니 '주변을 잘 살피고 보이는 문제에 대해 눈을 감지 말길 바란다'고 말이다.

잘 나가던 연예인들도 별거 아니라고 생각했던 과거의 행적으로 곤욕을 치르나 사라지는 일이 종종 발생한다. 아들 지훈이는 특히나 음악가의 길을, 대중들로부터 관심과 사랑을 먹고 살아가야 하는 길을 가고자 하기에 더욱 이런 부분이 중요할 것이라 생각했다. 마음이야 더 힘을 주어 이야기해 주고 싶었으나 나는 과유불급을 떠올리며 얼른 아이의 방에서 나왔다.

나 또한 처음부터 이런 생각을 가지고 사는 사람이 아니었다. 나 하나 추스르며 살기에도 벅차다고 생각하는 사람이었다. 그러나 엄마로 살아가게 되면서 아이로 인해 여러 경험이 쌓이고, 그 안에서 치열하게 고민하는 시간을 갖게 되면서 주변을 관찰하다 보니 차츰 변하게 된 것이다.

현재 내 마음속에는 몇 가지 키워드가 자리 잡고 있다. 그 단어는 바로 '공동체, 재미, 의미, 연결, 원칙'이다.

사람들은 함께 살아가야 하기에 '공동체' 안에서 서로가 '연결'되어 있음을 믿는다. 또 나를 움직이는 일에는 무엇보다 '재미'가 있어야 하고, 또 '의미'가 있어야 한다. 그리고 그 안에서 발생하는 갈등을 해결하는 열쇠는 서로가 합의된 '원칙'이다.

시간이 지나며 또 어떤 새로운 키워드가 추가될지 모르지만 지금 부모로서, 그리고 사회의 구성원으로서 나를 움직이게 하는 핵심 키워드들은 바로 위 다섯 가지 단어들이다.

부모가 자신만의 원칙과 소신을 가지고 아이를 믿어주면 아이들은 그저 잘 자라게 되어 있다.

그런 의미에서 나는 묻고 싶다. 지금 이 책을 읽고 있을, 누군가의 부모인 당신에게. 당신을 움직이는 키워드는 무엇인지 말이다.

나를 키우는 일

"아티스트의 엄마가 되었네"

아들이 입학 후에 보내온 첫 영상은 '아이가 미치도록 하고 싶어 하는 것'을 하게 해주는 게 정답이라는 사실을 더욱 확신하게 해주었다. 영상을 보던 그 순간, 아이들의 행복한 표정에 가슴이 벅차 올랐기 때문이다.

강렬한 기억을 심어준 그 영상은 "보세요, 엄마. 저 이렇게 잘 살아가고 있어요,"라고 말하는 것 같았다. 고집 센 엄마를 겪은 자존심 강한 아들이 오히려 고마워지는 순간이었다. 내가 엄마이기에 경험할 수 있던 새로운 세계인 것이다.

그로부터 1년이라는 시간이 지난 지금, 지훈이는 그 멋진 친구들과 정식으로 음원(그룹명: 430wave)을 발매하였다. 실제로 아이들이 만든 음악이 음원 사이트에서 검색이 되고 음원 서비스가 된다는 것이 참으로 신기했다. 아이들은 미약하지만 자기만의 방식으로 음악을 만들고, 이를 알리기 위해 저작권 협회에 등록을 하며 자기만의 콘텐츠를 쌓아가기 시작한 것이다.

긍정의 언어를 가득 담아 나만의 100번 쓰기 방식으로 전화번호에 저장된 이름인 '저작권 부자 기타리스트 유지훈'으로 한 발짝 성장해나가고 있다는 사실이 정말 신기하고 감사할 따름이다. 아이들은 믿는 만큼 자란다는 것을 다시 한번 실감하게 된다.

육아를 통해 내가 가장 크게 깨닫게 된 부분은 어른인 부모가 아이를 키우는 것이 아니라, 아이야말로 부모를 진짜 어른으로 키워주는 존재라는 것이다. 아이를 잘 키우는 방법은 쓸데없이 간섭하는 것이 아니라 믿어주는 것, 제대로 된 어른으로 잘살아가는 모습을 보여주는 것이란 사실을 깨닫게 되었던 것이다.

그랬다. 그게 전부였다. 애는 알아서 잘 크고 있으니 엄마는 그저 엄마의 인생을 잘 살면 된다.

딸 기민이(중2)는 코로나로 인해 몇 달째 학교가 아닌

가정에서 대부분의 시간을 보내고 있다. 오빠가 떠난 집에서 중 2라는 사실이 믿기지 않을 정도로 애교쟁이 외동딸처럼 살갑게 엄마와 산책하기를 즐기고 아빠와 주식이야기를 하는 베프(베스트 프렌드)이기도 하다.

어느 날 지민이가 퇴근한 나를 붙잡더니 말했다.

"엄마, 이거 내가 그린 그림 좀 봐봐. 이게 한 달 전이고, 이건 지금 현재야. 많이 발전했지?"

평소 그림 그리기를 좋아하고 관찰력이 좋은 지민이는 요즘 디지털 드로잉에 푹 빠져 있다. 코로나로 인해 학교에 가지 않고 스스로에게 집중할 시간이 많아지자 하루 대부분의 시간을 그림 그리는 데 할애하고 있다.

지민이는 몇 달이 지나가는 사이 그림을 그리고 싶을 때는 몰아서 그리고, 또 잠시 쉴 때는 아무것도 하지 않다가 다시 몰입해 그리는 과정을 반복하고 있다. 우리는 이런 지민이를 편안하게 지켜보는 중이다. 몇 시간을 꼼짝하지 않고 그림을 그리고 있는 모습은 그저 신기하기만 하다. 놀라운 것은 어느 누구도 그림 그리기를 시킨 적이 없다는 것이다.

지민이는 아이패드 갤러리에 저장해 놓은 그림을 번갈아 보여주며 설명한다. 아이의 아이패드 갤러리에는 꽤 많은 그림이 담겨 있었다. 그중 마음에 드는 것이 있으면 인스타에 올리기도 하며 나름의 기록을 쌓아가고 있다. 작년부터 순서대로 올린 그림들을 보면 발전한 모습이 한눈에 들어올 정도다.

문외한인 엄마가 보기에는 이 그림, 저 그림 다 좋은데… 아이는 스스로 보기에 부족하다고 느끼는 점을 이야기한다. 누가 가르치지 않아도 지민이는 스스로 어제의 나와 오늘의 나를 관찰하며 자신의 부족함을 메꿔나가고 있다. 똥손 엄마의 눈에는 사실 다 잘 그린 것 같은데 말이다.

지민이는 이것도 저것도 그려보며, 주제에 제한 없이 자유롭게 표현하고 싶은 것을 그리고 있다. 자기만의 캐릭터를 만들어보겠다며 한참을 공들여 디자인한 캐릭터에 이름을 붙여주기도 하고, 움직이는 사진을 만들어보겠다며 프로그램을 찾아 시도해보기도 한다.

엄마는 앞으로도 영원히 모를 것 같은 그 복잡한 프로그램을 능숙하게 다루는 이 아이를 보며 '과거 사람인 엄마가 따로 가르칠 게 없겠구나. 오히려 배워야지.' 하는 생각이 든다. 부모가 할 일은 그저 감탄이면 충분하리라.

두 번 실수는 바보짓

예전의 나였다면 '아이가 그림 그리기에 재능이 있다고?' 하며 곧장 좋은 미대로 가는 코스를 알아보고, 필요한 미술학원이나 입시학원 코스를 세팅하려 들었을 것이다. 그리고 본격적으로 내신 관리를 해야 한다는 중2부터는 작은 실수 하나라도 용납하지 않으며, 아이에게 성적의 중요성을 강조했을 것이다.

"미대는 내신이 얼마나 중요한지 알아? 쓸데없는 거 하지 말고 그 시간에 일단 공부부터 해! 영어 단어도 하나 더 외우고 수학 문제 하나라도 더 풀고. 부족한 과목은 문제집을 더 풀어봐야 하지 않겠니?"라면서 말이다. 그렇게 내가 세운 목표를 강요하며 아이의 몰입을 방해하는 잔소리를 쏟아냈으리라.

똑 같은 실수를 두 번 반복하는 것은 바보나 하는 짓이다. 두 번째 중2를 맞는 나는 이미 알고 있다. 엄마의 기준에 맞는 계획을 세워 잔소리로 몰아붙이는 것은 아이의 의욕을 꺾고 창의성을 죽이는 일이라는 사실을 말이다.

그래서 나는 지민이에게 아직 미술학원에 보내는 일은 하지 않고 있다. 부모는 그저 잘하는 것, 좋아하는 것을 찾아가는 아이에게 칭찬해 주고 격려해주는 것이 최선이라 여기고 있다. 이 모든 것을 경험으로 깨달았기 때문이다.

지금은 기다림이 필요한 시간이다. 언젠가 아이가 스스로 필요하다는 생각이 들어 무언가를 요청한다면, 그때 아이에게 아낌없이 지원해주면 된다. 아이의 필요나 욕구를 무시하고 부모의 지레짐작으로 모든 일을 끌고 간다면 상처만이 남을 테니까.

한번 생각해 보자. 아이에게 억지로 목표를 세우게 하고, 골방 같은 작업실에 가둔 채 같은 곡을 8~10시간 계속해서 연습하라고 한다면 이를 견뎌낼 아이가 몇이나 될까? 화장실 가는 시간도 아까워 물병에 물을 받아 놓고 목만 축여가며 연습하라고 한다면 그걸 누가 견뎌낼 수 있을까?

마찬가지로 완성도 높은 그림을 그리기 위해 몇 시간 동안 꼼짝 않고 머리카락 한 올과 속눈썹 한 올까지 공들여 그리고, 콧대를 올렸다 내렸다 하는 과정을 시킨다면 어느 누가 좋다고 견뎌내겠는가? 잘 보이지 않는 아주 작은 배경까지 디테일하게 계산해 그림 속에 담아내는 치밀함을 누가 시킨다고 할 수 있을까? 붙잡아 놓을 수는 있겠지만 그 공들인 시간과 성장이 비례한다고 볼 수는 없을 것이다.

그러나 간절히 하고 싶은 마음을 담은 거라면 이 모든 것을 해낼 수 있을 것이다. 어른인 나도 절대 못할 일을 아이들이 해

넬 수 있는 이유는 거기에 '강요'가 아닌 '스스로'가 작용하기 때문이다. 본인이 즐거우니까 하는 거다. 그렇기에 몰입이 일어나고, 그 과정을 통해 성장하며 그 발전에 기쁨을 느낌으로써 다시 하고자 하는 일에 집중한다. 아이들 스스로가 설정한, 이루고자 하는 목표치가 있기에 견뎌낼 수 있는 것이다.

내가 가장 가까이서 관찰이 가능했던 나의 아이들이 특별히 집중력이 뛰어나서일까? 절대 아니다. 내 아이들은 그저 '진짜 하고 싶은 일'을 찾은 아이들일 뿐이다.

내가 이야기하고자 하는 것이 바로 이것이다. '하고 싶은 일을 찾은 아이가 얼마나 몰입하며 목표를 이루어나가는지'에 대한 이야기를 하고 싶은 것이다.

아이들은 재능을 알아보는 부모의 관찰과 그것을 스스로 발전시킬 수 있는, 충분히 몰입할 수 있는 시간이 주어진다면 시행착오를 거치면서도 자기만의 길을 제 발로 찾아간다. 이는 어느 아이든 모두에게 해당되는 이야기다.

우연인지 운명인지 알 수 없지만, 마치 엄마는 간섭하지 말라는 신의 뜻처럼 내 아이들이 재능을 보이는 분야는 엄마인 내가 손톱만큼도 알지 못하는 분야들이다. 그러니 우리 부모는 그냥 지켜볼 수밖에 없다. 그저 아이가 잘못 크면 어쩌나 하는 불안을 다스리며, 그저 아이와 좋은 관계를 쭉 지켜나가고자 하는 마음을 최우선으로 하면서 말이다.

꿈에는 정답이 없다

진로에, 꿈에, 미래에 정답이 어디 있다던가? 더구나 요즘 같은 불확실과 빠른 변화의 시대에 말이다. 없던 직업이 새롭게 속속 생겨나고, 소리 소문 없이 사라지는 직업도 적지 않다. 원하는 직업이 없다면 내가 만들면 되는 시대다. 그야말로 내가 하고 싶은 일을 선택하고 스스로 방향을 수정해 가며 '나만의 길'을 걸어가는 것이 정답이라면 누가 뭐라고 할까.

20세기 엄마의 어린 시절에는 존재하지도 않던 유튜버라는 것이 21세기에는 너도나도 하고 싶은 핫한 직업이 되었다. 이를 누가 생각이나 했겠는가?

아이 인생의 주도권은 아이에게 주어져야 한다. 그렇다면 우리 부모가 할 일은 무엇일까?

1. 아이의 옳고 그름에 대한 판단 능력 길러주기

2. 아이가 혼자 할 수 있는 일은 반드시 혼자 하도록 내버려두기

3. 아이가 막막해하고 있을 때는 인생 선배로서 방향 제시해주기

4. 아이가 끊임없이 무언가를 시도할 수 있도록 격려하기

5. 아이가 스스로의 선택과 행동에 책임지도록 해주기

부모가 해야 할 일이란 이 다섯 가지면 충분하다고 생각한다. 다만, 막연한 걱정과 두려움에 압도되어 부모로서의 눈과 마음이 가려지지 않기를 바란다. 자녀교육의 막막함을 풀어낼 열쇠는 의외로 아주 가까운 곳에 있을지도 모르니까.

혹시 길이 없는 것처럼 느껴진다면 과감하게 한 발짝 내딛어보면 된다. 불안하다면 친절한 이웃과 친구들에게 손을 내밀어 함께 고민하면 된다. 관점을 바꾸어 아이들을 바라보면 두려움은 어느새 용기와 기대로 바뀔 것이다.

아이가 아닌 '나'를 삶의 중심에 놓고 아이와 적절한 거리를 유지하자. 그렇게 부모와 아이가 각자의 삶을 충실히 살아가면 아이들은 무조건 잘 크게 되어 있다.

진짜 어른이 되기 위해
오늘도 노력합니다

오랜만에 가족여행으로 한적한 제주도에 왔습니다. 모두가 잠든 시간, 에필로그를 한 자, 한 자 적어 내려가는 제 마음은 홀가분합니다. 드디어 마침표를 찍게 되었기 때문입니다.

그리고 설렘만큼 걱정도 한편에 자리합니다. 이 별다를 것 없는 이야기에 관심을 가져주실 분이 얼마나 계실까 하는 염려가 되기도 합니다. 하지만 처음 책을 시작할 때의 마음 그대로 단 한 사람이라도 마음의 힘듦을 덜어주고 위로를 줄 수 있다면 그것으로 충분히 감사하다고 생각해봅니다.

작가. 여전히 제게는 익숙해지지 않는 이름입니다. 스스로의 부족함을 너무 잘 알기 때문입니다. 책을 쓴다는 건 하고 싶다는 그 마음만으로는 완주하기가 정말 쉽지 않은 일이었습니다. 스스로 무모한 일을 벌였다고 생각하며 중간에 여러 차례 포기하고 싶은 마음이 들었습니다. 순간순간 저의 부족함과 직면해야 했으니까요.

하지만 중도에 포기할 수 없었어요. 아이들에게 포기하는 엄마의 모습을 보이고 싶지 않았습니다. 그래서 여러 지인들에게 저의 시작을 알렸습니다. 지켜보는 눈이 많음을 의식하려는 하나의 장치였죠. 또 사랑하는 두 아이들에게는 책속의 내용을 하나하나 체크하며 느리지만 계속 갈 수 있는 방법을 찾아갔습니다. 그렇게 책의 시작, 중간중간 진행 상황을 공유하고 점검하며 아이들과 더 가까워질 수 있었습니다.

책을 쓰기 전과 후 가장 크게 바뀐 것이 있다면 갈등 상황의 원인이 아이가 아닌 내게 있음을 알게 되었다는 겁니다. 아이를 바꾸려 하기 보다 엄마인 나를 바꾸는데 집중해야 근원적인 해결이 됨을 깨달았다는 것입니다.

아이에게 좋은 것이라면 덮어 놓고 욱여넣기 바빴던 지난 날, 대학이라는 오직 한 가지 목표만을 바라보던 20세기형 답정너 엄마는 기타리스트를 하겠다는 21세기형 아이를 꺾으려던 미련한 실랑이 중에 바로 아래의 문구를 보게 되었습니다.

"100명의 아이들을 한 방향으로 뛰게 하면 1등은 한 명 밖에 나오지 않지만, 100명의 아이들을 각자 뛰고 싶은 방향으로 뛰게 하면 모두가 일등이 될 수 있다."

– 이어령《젊음의 탄생》

머리를 강렬하게 한 대 얻어맞은 기분이었습니다. 그간 너무 중요한 것을 놓치고 있다는 것을 깨달았습니다. 지금껏 아이에게 한 가지 방향만을 보며 '무엇이 되어야 한다.'라는 말만 던졌지 '무엇을 하고 싶니?'라는 질문은 건넨 적이 없다는 것도 깨달았습니다. 그저 남들이 좋다는 것을 따라 하기에만 급급했지 정말 내가 원하는 것, 내 아이가 원하는 것을 바라봐 주지 못했거든요.

아이와의 갈등이 도돌이표를 찍고 있을 무렵 보게 된 저 문구는 나와 아이를 가두고 있는 틀을 깨고 나와야 한다는 사실을 일깨워주었습니다. 그것만이 아이도 엄마도 처음 겪어보는 사춘기 터널에서 길을 잃지 않는 방법이라고 판단했습니다. 아이와 좋은 한 팀이 될지, 갈라서게 될 지는 나의 선택에 달렸습니다. 그날 이후 눈에 보이는 사소한 현상 하나하나를 바라보는 관점을 바꾸고 오직 '관계' 하나만 바라보며 서툴지만, 아이의 마음을 읽고 소통하려는 노력을 하였습니다. 그리고 아이가 잘못될까봐 늘 불안했던 마음의 안경을 잘될 것이라는 믿음의 안경으로 바꾸어 꼈습니다.

서툴렀던 엄마가 답을 찾아가는 과정에서 만난 수많은 조력자들 덕분으로 이제는 알게 되었습니다. 당장 눈앞에 정해진 틀과 방향에 아이를 맞추느라 급급하며 불안해 하기 보다, 탄성 좋은 그물 안에서 안전하게 마음껏 탐색하고 경험하게 해주는 것이 훨씬 나은 선택이라는 것을요. 아이가 선택한 기타리스트라는 길이 최종 선택지가 아닐지도 모릅니다. 그저 행복한 몰입을 경험하는 도구이며, 그 자체가 목적이자 또 다른 길을 찾아가는 수단일 수 있겠다는 생각도 하게 되었습니다. 그 유연하고 안전한 그물 안에서 하고 싶은 일에 깊게 몰입하고 성장하는 경험을 해 본 아이는 자신이 선택한 방향에서 언제든 본인만의 답을 찾아내리라는 것을 믿습니다.

오늘도 아이의 존재를 인정하고 선택을 지지해 주면 아이는 스스로 잘 자랄 수밖에 없다는 확신이 있습니다. 내 아이는 잘하고 있습니다.

어느 날 문득 아이와의 관계가 서먹하고 벽이 생긴 것 같을 때, 어느 순간 무언가 잘못되고 있다는 생각이 들 때, 엄마로서 갑자기 갈 길을 잃고 헤맬 때, 이 책이 위로가 되고 그 마음에 백신의 역할을 하기를 바래봅니다.

책을 마무리하며 특별히 고마운 분들이 있습니다. 이 책의 시작부터 마무리까지 모든 과정을 지켜보며 조언과 무조건적인 응원을 아끼지 않은 나의 사람책 미아 언니, 정현미 선생님께 감사를 전합니다. 더불어 이 책이 세상에 나오도록 도움의 손길을 주시고 조언과 응원을 아끼지 않은 모든 분들께 깊은 감사를 드립니다. 마음이 힘든 시절 손 잡아 준 많은 분들께 받은 것들을 베풀며 살겠습니다.

2021. 1. 30.

'엄마 백신' 저자 김선희

내 아이는 내 뜻대로 키울 줄 알았습니다

© 김선희, 2021

초판 1쇄 발행 2021년 3월 8일
초판 2쇄 발행 2021년 3월 17일

지은이 김선희
펴낸이 이경희
기 획 엔터스코리아(책쓰기 브랜딩스쿨)

발행 글로세움
출판등록 제318-2003-00064호(2003.7.2)

주소 서울시 구로구 경인로 445(고척동)
전화 02-323-3694
팩스 070-8620-0740
메일 editor@gloseum.com
홈페이지 www.gloseum.com

ISBN 979-11-86578-86-5 13370